2023

创新·融合

2023 年广东产业
高质量发展报告

主 编◎张伟煜 黄常开

南方日报社·南方经济智库、南方城市智库
华南理工大学工商管理学院
中国建设银行科技金融创新中心

南方日报出版社
NANFANG DAILY PRESS
中国·广州

图书在版编目（CIP）数据

创新·融合：2023年广东产业高质量发展报告 / 张伟煜，黄常开主编. — 广州：南方日报出版社，2023.4

ISBN 978-7-5491-2687-3

Ⅰ. ①创… Ⅱ. ①张… Ⅲ. ①产业发展－研究报告－广东－2023 Ⅳ. ①F127.65

中国国家版本馆CIP数据核字(2023)第049551号

CHUANGXIN RONGHE

创新·融合：2023年广东产业高质量发展报告

主　　编：张伟煜　黄常开
出版发行：南方日报出版社
地　　址：广州市广州大道中289号
出 版 人：周山丹
责任编辑：巫殷昕
装帧设计：梁春薇
责任校对：朱晓娟
责任技编：王　兰
经　　销：全国新华书店
印　　刷：广州市岭美文化科技有限公司
开　　本：787mm×1092mm　1/16
印　　张：10.25
字　　数：120千字
版　　次：2023年4月第1版
印　　次：2023年4月第1次印刷
定　　价：48.00元

投稿热线：（020）87360640　　读者热线：（020）87363865

发现印装质量问题，影响阅读，请与承印厂联系调换。

调研组成员

报告撰写

南方日报社·南方经济智库研究员

黄应来　王　彪　黄叙浩　黎华联　彭　琳　许宁宁　陈　薇　黄颖川
张子俊　刘　倩　李　赫　张　艳　昌道励　余　丹　王露纯　李荣华

专家顾问

华南理工大学工商管理学院

朱桂龙　华南理工大学工商管理学院教授　博士生导师
樊　霞　华南理工大学工商管理学院教授　博士生导师
宋　乐　华南理工大学工商管理学院　博士后
尹　潇　华南理工大学工商管理学院　博士研究生
赛　夫　华南理工大学工商管理学院　博士研究生
邓秋凤　华南理工大学工商管理学院　硕士研究生
张　立　华南理工大学工商管理学院　硕士研究生
叶嘉烯　华南理工大学工商管理学院　硕士研究生

中国建设银行

鲍杰汉　中国建设银行科技金融创新中心常务副主任
曾玲燕　中国建设银行广东省分行公司业务部副总经理
赵文龙　中国建设银行广东省分行公司业务部总经理助理
王　越　中国建设银行科技金融创新中心团队负责人
刘金日　中国建设银行科技金融创新中心团队负责人
刘旭彬　中国建设银行科技金融创新中心首席研究员
王冉洁　中国建设银行科技金融创新中心研究员
吴舜晖　中国建设银行科技金融创新中心研究员

黄天骏　中国建设银行科技金融创新中心研究员
杨尔蒙　中国建设银行科技金融创新中心研究员
唐涯天　中国建设银行科技金融创新中心研究员

合作专家

万　陆　广东省社会科学院经济研究所副所长

前　言

风劲好扬帆，奋进正当时。

2023 年是全面贯彻落实党的二十大精神的开局之年，也是广东踏上现代化建设新征程的开耕之年。中国式现代化的广东实践如何推进，备受关注。

与此同时，以新能源、人工智能、智慧网联等新技术引领的新一轮科技革命和产业变革正在加速推进，助推世界百年变局深刻演进。中国与广东如何在全球产业链、供应链深度调整中抢占有利位置？

党的二十大报告提出，必须坚持科技是第一生产力、人才是第一资源、创新是第一动力，深入实施科教兴国战略、人才强国战略、创新驱动发展战略，开辟发展新领域新赛道，不断塑造发展新动能新优势。

权威专家指出，开辟发展新领域新赛道是新形势下适应新科技革命要求、打破各种脱钩断链图谋、谋求科技自立自强的有效手段。

为把握广东科技创新脉搏、研究广东产业高质量发展趋势，南方报业传媒集团、中国建设银行广东省分行与华南理工大学等联合组成调研团队，通过深入工厂车间、企业园区，与企业家、研发人员等面对面交流，调研团队发现，广东产业高质量发展呈现以下五个新的趋势：

一是广东“科技—产业—金融”循环加速贯通，科创产业生态逐步成形，以新能源汽车、新材料、人工智能等为代表的新产业赛道焕发出勃勃生机。

二是“专精特新”企业将创新视为企业经营和市场竞争的“源头活水”，凭借其在细分领域的“独门绝技”，起到锻长板、补短板的重要作用，成为增强广东产业链、供应链韧性的重要支撑力量。

三是数字变革正演绎着一个个生动的故事：龙头企业“大象起舞”率先启动数字化转型，中小企业紧跟大潮“上云上平台”。数字经济浪潮势不可挡、滚滚向前，广东智造加速崛起。

四是一批涵盖各个优势学科和产业领域的国家实验室、国家重点实验室加速建成落地，与广东省实验室、新型研发机构及 6 万多家高新技术企业打造的创新平台紧密联动，进一步放大对各类创新要素的磁吸效应，为粤港澳大湾区的科技研发和产业创新提供了重要支撑。

五是广东在科技创新体制机制、重大基础设施落地、实验室体系组建、人才培养、金融支撑等创新生态链上的节点积极探索，亮点逐步“串珠成链”，助推创新链和产业链进一步融合，科技成果加速转化为现实生产力。

起步即冲刺，开局即决战。2023 年开春第一会，广东吹响了高质量发展的号角。在创新驱动下，在人才支撑下，“科技—产业—金融”循环加速贯通与融合，广东突出制造业当家、高水平谋划推进现代化产业体系建设，坚持抓大产业、大平台、大项目、大企业、大环境。

行而不辍，万里可期。我们有理由相信，在高质量发展的牵引下，广东必将把制造业这份厚实家当做优做强，在新的高度挺起广东现代化建设的产业“脊梁”，为中国式现代化的广东实践增添华丽篇章。

目 录

壹 科创篇

第一章 新赛道
“科技—产业—金融”循环加速贯通 新产业赛道焕发勃勃生机 002

第二章 新主体
“专精特新”激发创新活力 培育强链补链生力军 012

第三章 新动能
数字经济势不可挡 广东智造加速崛起 023

第四章 新平台
创新平台加速落地 持续放大磁吸效应 033

第五章 新生态
创新节点“串珠成链” 成果加速从“纸上”到“地上” 043

第六章 榜单分析
2022 榜样的力量——“FIT 粤”科创先锋榜单特征分析 053

贰 建言篇

第一章 制造业当家 · 专家访谈 074

北京大学政府管理学院教授路风：广东有望在新产业系统上继续领跑 / 074

中制智库理事长新望：以“专精特新”补强广东制造大产业 / 078

广东省政府参事王珺：协同发展的活力源头是创新和开放 / 082

工信部电子五所副所长王勇：制造业整体质量提升，产业链才能安全稳定 / 087

汕头濠江正是近年来广东新能源产业发展的一个缩影。数据显示，2010年广东可再生能源装机仅有659.2万千瓦，而截至2020年底，已经达到了3298万千瓦，十年时间翻了四倍。作为全国首批低碳试点省份，“十四五”时期，广东还将以更大力度推进绿色能源发展，构建以新能源为主体的新型电力系统，推动实现碳达峰目标。在“双碳”目标和低碳转型背景下，新能源产业正成为汕头等地区发展绿色低碳经济的主要动力。

“‘双碳’带来的不仅是一场能源革命，更是新一轮的产业变革，可以说，把握住‘双碳’机遇就是把握住下一步的发展权。”中国工程院院士、中国工程院原副院长、国家能源咨询专家委员会副主任杜祥琬表示。

在位于广州天河区员村街道的奥动换电站，多个橙色“集装箱”依次排开，新能源汽车从“集装箱”侧面驶上坡道，两侧换电机器人启动，进行极速换电：一侧机器人从“集装箱”式样的充电仓滑出，把亏电电池卸下；另一侧机器人将满电电池送出充电仓，并在车辆底盘上进行安装，不到2分钟全部完成。奥动新能源汽车科技有限公司在全国规模化的商业化换电运营中，已在厦门实现单车换电最高里程达130万公里。

曾任华为海外财务总监、小米九号财务总监的奥动新能源汽车科技有限公司副总裁陈军向调研组透露，目前奥动已经作上市规划，“中小型科创企业是产业创新中最为活跃的力量，通过金融创新为有活力的科技型中小企业提供丰富的金融产品，促进科技成果的落地，使金融、科技与新兴产业发展形成良性循环”。

2022年12月11日，在广州番禺，因湃电池科技有限公司（简称“因湃电池”）正式动工。这是广州市最大的“动力电池＋储能电池”项目，总投资109亿人民币，占地约666亩，可满足60万辆车的装机需求，年产值将超过210亿。

一南一北，背后是广州在全力抢抓新能源汽车赛道，加速完善产业链上下游布局，加速新能源汽车产业的高质量发展。

“广东要在产业升级转型中实现高质量发展，要特别关注能源变革对整个经济体系的影响。”陈东敏表示，向绿色低碳发展的转变会使得国内的绿色能源技术和相应产业在全球占据重要位置，完全有机会形成对欧美国家的贸易新优势，加上超大规模的国内市场，可以培育起一个高水平的绿色工业体系，这里面蕴藏着非常巨大的新产业机会。

氢能产业同样在高速发展。在广州黄埔，广州石化打造了粤港澳大湾区首个高纯氢生产基地，年产量为 1500 吨。自 2020 年底投产以来，已经累计为 1300 多辆管束车充装高纯氢，助力广东氢能产业蓬勃发展。

而在广州石化的对面，就是“HTWO 广州”工厂。这是现代集团在海外建设的首个燃料电池综合型基地，包含氢燃料电池电堆生产工厂、氢燃料电池系统生产工厂、研发中心和创新中心。

“届时氢气将会通过管道从广州石化输送到我们工厂，满足生产需求。”“HTWO 广州”工厂相关工作人员表示。短短一年多时间，这座占地 20.2 万平方米的现代化工厂已经基本完工，生产设备已经开始进行试生产，部分基础设施正在进行最后的收尾工作。

“我们的氢燃料电池系统应用范围非常广泛，不仅覆盖乘用车和商用车，还有无人机和电机发电等应用场景，发展空间非常大。”现代汽车集团（中国）总裁李赫埈表示，作为一个新的能源领域，非常看好中国氢燃料电池市场未来的发展。

“我们要发挥粤港澳大湾区在区位、国际化、经济实力及创新能力等方面的优势，发展绿色低碳产业。”广东省发展改革委党组成员、副主任，省大湾区办常务副主任朱伟指出。

在广东各地，“双碳”背景下的新业态正源源不断出现，“双碳”风

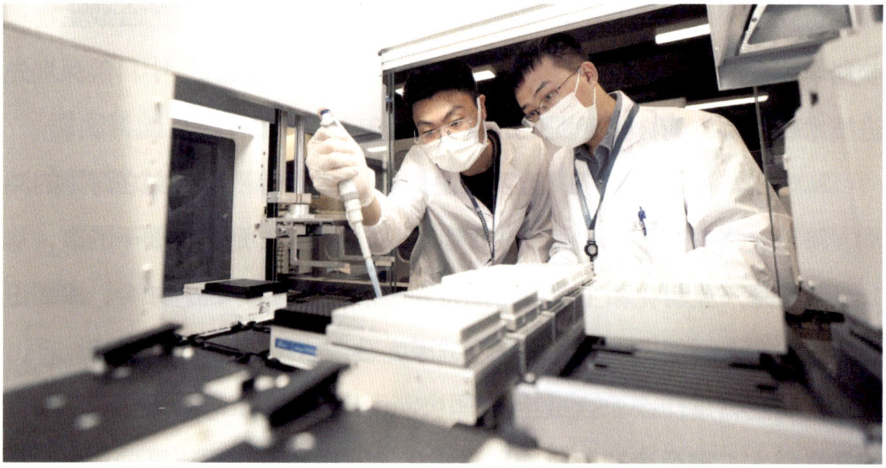

位于深圳光明科学城的深圳市工程生物产业创新中心（朱洪波摄）

中心已入驻包括深圳柏垠生物科技有限公司等13家企业，相关企业估值达上亿元。

“从0到N”的全链条成果转化创新模式，在脑科学产业也日渐清晰。

如果说人类科学有“终极疆域”，则脑科学是公认的其中之一。中科院深圳先进院脑认知与脑疾病研究所所长王立平介绍，脑科学、脑健康、脑智能、脑康复、脑疾病等领域的前沿突破正在酝酿着巨大的产业变革。

光明脑科学技术产业创新中心（简称“脑创中心”）自2021年11月成立起就开始探索一条“需求方出题，科技界答题”的全新模式。“围绕脑科学与类脑智能领域产业转化的关键痛点和共性需求，搭建了11个企业共享技术平台，支持脑科学前沿技术低成本验证和高效率转化，显著降低创新成本，对资本和企业双向赋能，打造全国首个‘拎脑入驻’型专业孵化赋能平台。”王立平解释。

启动试运行以来，脑创中心首批已吸引超过30家企业落地，融资总额约2亿元，估值超40亿元；第二批拟入驻企业约20家，融资总额超10亿元，估值超100亿元。

深圳光明科学城（朱洪波摄）

不止深圳，广州、惠州、东莞和中山等市在“十四五”规划中均提出了对未来产业的布局规划：广州计划布局的五大未来产业，分别是天然气水合物产业、区块链产业、量子科技产业、太赫兹产业和纳米科技产业；惠州则结合当地实际，计划在先进材料、人工智能、生命健康等领域布局具有重大引领带动作用的未来产业。

陈东敏建议，广东要想在更多新兴产业领域实现突破，还必须有足够的政策把人才吸引过来，包括住房补贴、科学家税收优惠等等。产业创新需要大量资本，政府应组建更多的多元化资本平台来辅助创新的资源需求，鼓励投融资机构将更多资本要素投入具有潜力的新产业发展中，培育起完整的产业创新生态。

布局未来，广东的未来产业在孵化细分产业的同时，为传统产业和战略性新兴产业融合提供了新机遇。随着 5G 和 6G 通信、空间互联网、人工智能等技术取得突破，新兴技术广泛应用，带动传统产业变革并有望形成未来产业，而未来产业所带来的技术革新和产业成果也将反哺传统产业，不断开创新的经济增长点，抢占制造业未来发展战略制高点。

第二章　新主体

“专精特新”激发创新活力　培育强链补链生力军

“我们的目标是不求大而全，但求小而精。”广州超音速自动化科技股份有限公司（简称“广州超音速”）董事长张俊峰说。宁德时代、比亚迪、中创新航……广州超音速的客户名单上，写满了各行各业的龙头企业。作为国内首家AI+视觉锂电智能视觉检测设备企业，2022年，广州超音速被正式认定为国家级专精特新“小巨人”企业。

调研组走访发现，在广东，越来越多像广州超音速这样“小而精”的企业正如雨后春笋般冒出。目前，广东国家级专精特新“小巨人”企业达867家，位居全国第二，省级“专精特新”中小企业达2704家。

党的二十大报告明确要求，“支持专精特新企业发展，推动制造业高端化、智能化、绿色化发展”。“专精特新”企业长期深耕细分领域，有较强的自主创新能力和核心竞争力，是产业链、供应链的重要节点，是经济活力的重要载体，在我国经济体系中颇具独特性。专家认为，“专精特新”企业将创新视为企业经营和市场竞争的“源头活水”，凭借其在细分领域的“独门绝技”，起到锻长板、补短板的作用，成为增强产业链、供应链韧性不可或缺的一环。

加速创新

深耕行业细分领域　做强做大优势产业

2023 年 1 月 3 日召开的广东省委经济工作会议强调，要聚焦科技自立自强，统筹推进教育、科技、人才工作，强化企业创新主体地位，强化以需求为导向的科技攻关，强化科技创新的教育、人才支撑，不断塑造发展新动能、新优势。

鼓帆远航，奋楫争先。南粤大地创新发展的浪潮持续涌动。

凭借 AXPT0256 型全极化多功能有源相控阵雷达等多款“硬科技”产品，广东纳睿雷达科技股份有限公司（简称“纳睿雷达”）在第十四届中国国际航空航天博览会上，吸引了众多海内外嘉宾的目光。

这家成长近 10 年的企业，于 2022 年入选国家级专精特新“小巨人”企业，其主营的相控阵雷达系统产品研究及其应用，被中国雷达行业协会鉴定为达到“国际先进水平”。

“我们自主研发的有源相控阵雷达产品采取全球独特的技术路线，将相控阵技术和极化技术相结合，突破了先进相控阵雷达技术在民用领域推广应用的技术壁垒和成本瓶颈，并实现了产业化。”纳睿雷达产品经理李耀安道出其中“奥秘”。目前，该公司产品已广泛应用于气象探测领域，并逐步向水利监测、民用航空、海洋监测、森林防灾、公共安全等领域推广。

“我们在实际操作中发现，对于一些行业的制造业来说，100% 无人化未必是最优解。”在深圳大族机器人有限公司（简称“大族机器人”）总经理王光能看来，未来高端制造业仍需大量专业化的产业工人来支撑，人机协作的需求也将迎来爆发。

凭借在协作机器人领域的核心技术优势，大族机器人于 2022 年入选第四批国家级专精特新“小巨人”企业。“相比传统工业机器人，协作

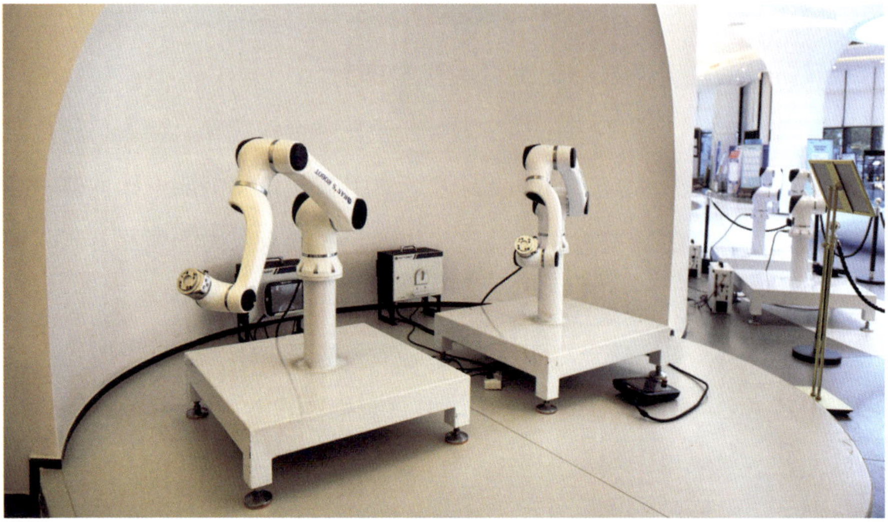

海创大族机器人智造城展示的协作机器人（肖雄摄）

机器人凭借安全、易用、成本低、灵活度高等诸多优势，让不同规模的企业特别是中小企业，都能轻松实现智能自动化，加速智能制造的普及和落地。”王光能说。

机械臂抬升、旋转、上下料……在一家手机屏制造厂商激光切割上下料应用中，大族协作机器人替代了原来的伺服电机。“我们称其为‘一拖四’，即一台机器人给四台激光切割机上下料。”王光能介绍，这样既节约了设备成本，最大限度发挥协作机器人的优势，同时产线的柔性化程度也得到了极大的提升。

“公司目前正在研发第二代协作机器人，我们希望它能够更加智能。”王光能表示，在传统的产线升级过程中，机器人仍需大量的编程工作才能融入产线。下一步，大族机器人希望将操作程序直接以模块化的形式预置在产品中，从而使操作员不需要会编程就可以实现机器人协作生产。

“我们希望未来不需要人来设定机器人的程序指令，而是让机器人直接跟着人学。”在王光能的构想中，未来人与机器人的关系更像是师傅与徒弟，其发展趋势应该是更好地协同，而不是谁替代谁。

下一步，人与协作机器人的交互方式，也将越来越简化、越来越有协同感。王光能介绍，公司新研发的 MAiRA 多感知智能机器人助手从手势示教、声音识别等方面直观简化了人与机器人之间的交互方式，通过“眼睛”视觉、“耳朵”听辨和“大脑”感知来识别环境空间，能够轻松地完成用户多项指令。与此同时，在 1.4 米臂展的情况下，重复定位精度达到 6 至 10 微米，速度可以达到 4.5 米 / 秒。

人机协作创造的可能性，也正从工厂走向更多场景。

“我认为‘人机协作’的概念不仅限于工业生产，而是有人的地方，就可以有‘人机协作’，就可以有协作机器人。”王光能介绍，大族机器人目前在医疗、新零售、教育等场景均在进行布局。“以艾灸机器人为例，艾灸讲究穴位精准，如今协作机器人的重复定位精度可达 ±0.02mm，具备高精度定位控制性能，有望准确确定人体穴位，模拟出专业医生手法。”王光能说。

在技术和应用领域“狂飙猛进”的广东协作机器人企业，近年来也备受资本青睐，迎来融资热潮。大族机器人已完成 B2 轮融资，累计融资额近 8 亿元，计划三年内上市。

小企业撑起大市场，小企业成就大事业。纳睿雷达、大族机器人等企业的发展历程，正是广东中小企业持续提升科技创新能力的生动写照。这些深耕专业领域、聚焦关键技术的“专精特新”企业，通过长期苦练内功、强化创新、以专注铸专长，发展成为所属产业内细分领域的专精特新“小巨人”企业、单项冠军企业、产业链领航企业。

强链补链

“小巨人”助力加速　产业链价值提升

“当前国内大部分企业仍处在数字化转型的探索阶段，面临着设备联网难、设备连接成本高、模型跟不上等瓶颈。”广州鲁邦通物联网科技股份有限公司（简称“鲁邦通”）董事长陶洋表示，在众多工业互联网企业中，能同时提供软硬件结合数字化转型服务的企业为数不多，鲁邦通便是其中一家。

作为国家第三批专精特新“小巨人”企业，鲁邦通坚持以创新驱动发展，截至2022年6月末，研发投入占营收比重超过10%，专利申请量达到数百项。“我们专注于核心技术，重点发力创新和研发，打破国外软件的市场垄断。”陶洋说。

如今，在全球工业无线通信网关及路由器领域，每20台工业网关就有1台由鲁邦通生产。在国内市场，鲁邦通软硬件结合的“5G+工业互联网”解决方案，被广泛应用于各类工业互联网场景。

在锻长板、补短板的基础上，“专精特新”企业也在推动产业链整体价值提升。

一方面，“专精特新”中小企业进入龙头企业供应链，大中小企业、产业链上下游企业间协作配套、融通发展，提升了产业链协同性。

凭借自研的5G通信、边缘计算、智能感知和低代码平台四大核心能力，鲁邦通服务了大量国内外知名电信运营商、世界500强企业和中小企业。“我们为佛山市一家调味品龙头企业提供了5G高速工业路由器及设备管理云平台，可智能剔除高速包装过程中的不合格产品，目前该企业的检测准确率已超99.6%。”陶洋说。

另一方面，“专精特新”中小企业还通过加强协同创新，与产业链相关方相互开放资源、开放场景、开放应用，以创新链驱动产业链提质增效。

国家首批专精特新“小巨人”企业之一的广州中浩控制技术有限公司（简称“中浩控制”），是业界知名的工业自动化与生产管控信息化系统解决方案提供商。针对日化企业生产过程中的痛点问题，中浩控制研发了一套协同制造数字化平台，已在100多家美妆日化上下游企业投入使用，并入选国家级“特色专业型工业互联网平台”。

中浩控制董事长张昊介绍，这个平台最大的核心竞争力在于，它是国内目前唯一一个针对细分行业的工业物联网软硬件一体化平台，通过产供销协同制造，帮助企业实现按订单生产、减少原材料浪费和库存积压，大大提高了企业效益。

“广东中小企业数量庞大，‘专精特新’企业作为中小企业的领头羊，要积极上规模、搞创新，在产业链、供应链中发挥承上启下的作用。”广东省社科院经济研究所副所长万陆表示。

成果转化
推动企业从“小而多”走向“精而强”

“在科技成果转化方面，我国制造业存在科技和产业‘两张皮’的现象。”中制智库理事长新望指出，破解这一难题，需要充分发挥“专精特新”企业的力量，德国、美国等发达国家在支持“专精特新”一类企业方面的做法值得借鉴。

例如，德国有许多介于科研院所和企业之间的“四不像”机构，打通了中场技术和中间制造，是科研与市场的纽带，有力催生了中小企业商业化的成熟工艺和产品。美国硅谷中小科技型企业有一整套特殊的公司治理结构和金融供给制度设计，也值得广东借鉴。

在广东，高校和科研院所多在人才、技术等领域以项目合作、平台共建等形式与“专精特新”企业合作。

20年前，广州市先烈中路100号的中科院广州分院、广东省科学院内曾刮起一股“创业潮”，一批应用型研究所纷纷转制，却只有少数创业者存活下来并发展壮大，中浩控制便是其中之一。

“‘产学研’是我们基因里的东西。”从埋头做研究的科研机构转向竞逐市场的企业，张昊介绍，“产业化并非易事。但我们本身就是一个产学研综合体，我们来自省科学院，科学院为我们提供了技术支撑和团队基础，而我们则是研究所成果向企业应用转化的载体和桥梁”。

为了激励研发创新，中浩控制每年将营收的10%投入研发，与中科院深圳先进技术研究院、中山大学、华南理工大学等建立紧密合作。

与产学研高度一体化的中浩控制不同，纳睿雷达则选择了一条“取之于市场、用之于市场”的路径。“客户需求引领我们的成果创新”，李耀安分享，“新的应用场景催生了更多创新”。

山西隰县、蒲县地处吕梁山南端西麓，是生产优质梨果的黄金地带。“针对当地气象部门将提升防灾减灾能力放在首位的需求，我们部署了两台X波段双极化有源相控阵天气雷达，并针对性制定预防方案，构建了气象灾害监测预警体系，积极应对雹灾、洪灾、风灾等‘多灾并存’现状。”李耀安介绍，自2019年纳睿雷达在吕梁地区开展精准农业气象保障服务试点应用以来，为当地特色林果产业减少气象灾害损失达数千万元。

鲁邦通则通过与知名高校建立“产学研”合作、工业互联网人才培养双管齐下，推动产业的创新融合。“针对复杂环境下电梯物联网运维监测中数据监测和运行安全的难点问题，我们与华南理工大学联合开发了电梯融合智能感知技术，建立了电梯管理云平台。”陶洋举例，经专家鉴定，该项目成果整体技术达到国际先进水平，其中电梯门异常检测的融合感知技术达到国际领先水平，项目成果在国内多个省份和部分海外国家大范围推广应用。

放眼全省，越来越多“专精特新”企业力争在核心技术上实现创新引领，同时对接产业链，让科技成果跑出转化“加速度”，推动企业由小变大、由大变强、由强变优，发展韧性不断增强，进而提升产业链、供应链的稳定性和竞争力。

新望还建议，政府要引导高校优势学科与创新平台、科研院所研发力量、国内外高层次人才等优质科技资源，为企业技术创新和产业发展服务；要围绕市场需求，统筹产业创新资源，完善产业研发创新网络，组织产学研用的协同创新，促进科技成果资本化、产业化；要促进上中下游联动，大中小企业融通，“政产学研用金”协同，实现载体、项目、金融、服务联动配套，形成集聚效应和协同效应，实现多方共赢。

企业培育
激发涌现一大批“专精特新”企业

中小企业走“专精之路”离不开良好的成长环境。调研组走访发现，广东“专精特新”企业高质量发展仍然面临诸多挑战，主要表现为资金支持、数字化、创新协同、市场拓展等方面仍有较为急迫的诉求未能得到解决。为解决上述问题，广东不断出实招、举实措，提供全方位服务，厚植企业成长沃土。

省级层面，2020 年广东省工信厅出台《专精特新中小企业遴选办法》，启动广东省“专精特新”中小企业认定工作。2022 年上半年，广东又出台了“助企 25 条”“稳工业 32 条”等一系列政策措施，实施减税降费、企业提质增效、产业链供应链韧性提升等行动。与此同时，各地市多措并举支持中小企业培育创新，引导企业向“专精特新”发展。

2022年8月，广东省工信厅发布《广东省优质中小企业梯度培育管理实施细则（试行）》（征求意见稿），明确了优质中小企业由创新型中小企业、“专精特新”中小企业、专精特新“小巨人”企业三个层次、梯度衔接组成。

“在成为专精特新‘小巨人’后，鲁邦通获得了重点补贴、贷款贴息等奖励，减轻了数字化转型负担。”陶洋透露，专精特新“小巨人”成为鲁邦通的企业名片，让投资人、银行等对该公司的运营情况、发展前景一致看好，公司由此获得银行授信，并实现C轮、C+轮融资。

针对企业发展的现实需求，“希望政府能够继续加大政策扶持力度，加快数字化平台建设，完善数字化转型配套服务体系”。陶洋同时还建议，通过政策引导，加大培育具有数字化运营能力人才方面的资源投入，提高人才保障水平。

在融资方面，2022年4月，广东省工信厅与中国银行广东省分行开展支持“专精特新”企业融资服务行动计划。同年5月，“专精特新”企业政银合作的“朋友圈”又扩容至中国建设银行广东省分行。这两次政银合作为全省“专精特新”企业量身打造一系列融资服务产品，并将分别带来总授信额度1000亿元、2000亿元的融资支持。

“像我们这样的中小型高科技企业，以前比较难获得贷款。”张昊感叹，被评为专精特新“小巨人”后，融资便利了很多，“曾经只能拿我家的房子去抵押给银行为公司贷款，现在则是银行主动联系我们放贷”。

金融“活水”还在源源不断地涌入，激发企业活力。2023年，广东省力争支持“专精特新”中小企业新增融资600亿元、中小企业融资超1500亿元。

“近两年，海外市场份额以每年10%—15%的速度增长。特别是2022年，开发了欧洲的三个大客户以及美国的一个大客户。”东莞市海陆通实业有限公司（简称“海陆通”）海外总监张亚波带来好消息，这家专精特新“小巨人”企业 2022 年新客户的数量和占比大幅增长，除了自身本领硬，张亚波还把这归因于出口信用保险的支持。

“了解了新客户的资信状况，心里更有底，另外还有出口信用保险，每一笔订单的资金安全就有保障，不用担心收不回款。”张亚波解释，这是海陆通敢于大胆接新客户订单的原因。

无独有偶，在另一家专精特新“小巨人”企业，调研组也听到这样的声音。“订单已经接到 2023 年年中了，出口量翻一倍。”东莞市永强汽车制造有限公司（简称“永强汽车”）海外营销部总经理黄炜庆表示，大量客户和订单的落地，都离不开出口信用保险、出口信贷政策的帮助。

自 2009 年以来，中国信保广东分公司累计为永强汽车提供风险保障金额 1.18 亿美元，支付因买方拖欠导致的损失赔款金额 4 万美元。“信保的支持，对我们来说是不可或缺的。”黄炜庆感慨道，这是帮助企业大胆“走出去”的一颗“定心丸”。

在金融服务实体经济的一线，出口信用保险、出口信贷等金融工具，在企业“走出去”的路上发挥了重要作用，广东不断加大相关金融政策对企业的支持力度，帮助更多像海陆通、永强汽车一样的企业稳住外贸订单。

“栽下梧桐树，引得凤凰来。”在各方合力下，广东构建优质企业梯度培育体系的步伐正在加快：“十四五”期间，广东全省将推动培育十万家创新型中小企业、一万家“专精特新”中小企业、一千家专精特新“小巨人”企业。

同时，广东鼓励大型企业将优质中小企业纳入产业链、供应链体系，开放产业集群图谱，开展“大手拉小手”活动。

“民营企业是推动广东区域创新发展的重要力量。龙头企业辐射带动产业链上下游、大中小企业协同发展，为广东制造向广东创造、高速增长向高质量发展转变形成有力支撑。”工业和信息化部电子第五研究所高级研究员黄绍娜说。

第三章　新动能

数字经济势不可挡　广东智造加速崛起

2022 年最后一天，总投资 100 亿元的“美的数字科技产业园”项目首期用地落子广东顺德北滘，与美的厨热洗碗机顺德工厂相距仅十余公里。2021 年 10 月，该工厂成功入选世界经济论坛新一批“灯塔工厂”名单。

2023 年 1 月 4 日召开的广东省委经济工作会议提出，要坚持实体经济为本、制造业当家，推动制造强省建设迈出新步伐，紧紧抓住产业项目、工业投资、产业平台，加快实现产业体系升级发展。

正在加速建设中的美的数字科技产业园，将以高于“灯塔工厂”的标准打造成全国工业 4.0 智能制造示范基地，奋力追赶韩国、新加坡等先进国家制造业的机器人密度水平。如今，数字变革正在广东这个制造大省演绎着一个个生动的故事：龙头企业“大象起舞”率先数字化转型，中小企业紧跟大潮“上云上平台”，关键核心领域突破“卡脖子”问题。数字经济浪潮势不可挡、滚滚向前，广东智造加速崛起。

“大象起舞”
龙头企业率先全面数字化转型

走进美的厨热洗碗机顺德工厂，门口巨型屏幕上显示着数字孪生工厂的全景图，每一台洗碗机的生产数据实时更新、一目了然。总装车间

美的“灯塔工厂”（石磊摄）

的生产线上，视觉自动识别摄像头记录着20多道工序的动作节奏。一旦时长与既定数据发生偏差，机器会自动停止，大数据第一时间反馈给相关负责人。

这家工厂，也成为美的第五家获得“灯塔工厂”荣誉的数字化工厂。

“工厂的数字化改造始于五年前，从研发端到生产端均应用了云计算、人工智能等技术。”工厂总经理刘玉龙介绍，数字化转型后，单位生产成本降低了24%，交付时间缩短了41%，缺陷率降低了51%。“提质增效降本得到充分体现，产能翻了一倍，员工人数减少了近一半。”他说。

在钣金车间，80%的工作由机器自动完成。“车间智能制造的流程更加标准化，一方面做到精准交付，另一方面借助人工智能等技术实现自动决策。”钣金车间主任汪建新介绍。

测试中心负责人李博表示，如今美的集团全面实现数字化，旗下的工业互联网平台产品已在 40 多个行业广泛应用，累计服务超过 21 万家工业企业。“未来，我们希望将数字化经验输出给更多企业，赋能各行各业。”

目前，该工厂是全球第一大洗碗机生产基地，年产量达 600 万台，产品销往全球 145 个国家和地区。工厂的万人机器人保有量达到 700 台，通过工业互联网实现智能互联。

就在工厂对面，北滘港口的货船往来不息，一艘艘满载着美的洗碗机的货船正驶往全球各地。不仅是美的，在广东，越来越多的制造业巨头在数字化浪潮中勇立潮头。

深圳市共进电子股份有限公司（简称“共进股份”）办公室，相关负责人龚谱升正在查看千里之外的国内外 4 家工厂产线数据。

“过去，企业决策层领导需要频繁往返于多个工厂之间，浪费大量人力财力。”龚谱升表示，如今可通过由数字可视化大屏组成的驾驶舱，轻松实现多地工厂联合管理。

这背后，正是共进股份联合格创东智科技有限公司（简称“格创东智”）共同启动的设备互联项目，实现了“全球工厂一体化管理”。2022 年 5 月，格创东智入选国家级“跨行业跨领域工业互联网平台”，成为唯一半导体制造行业的国家级双跨平台。

TCL 实业副总裁、格创东智 CEO 何军介绍，在成立以来的 4 年时间里，格创东智对内赋能 TCL 多个产业，数字技术应用为 TCL 华星光电所贡献的有形效益就达 2.3 亿元。

作为全国唯一半导体行业的双跨平台企业，目前格创东智帮助华星光电等半导体企业实现了软件国产化。“我们有能力和意愿去承担重任，例如和生态企业一起集中力量办大事，努力实现为广东省集成电路产业链企业提供国产化工业软件的目标。”何军说。

“我理解的制造业当家，更强调科技的创新和数字经济的发展，要由需求侧的制造业驱动，制造业将成为创新的主体。格创东智将以半导体制造业作为突破重点，利用工业互联网推动制造业高质量发展。”何军表示，半导体产业智能制造转型升级已经进入深水区，更需要利用5G、物联网、AI、大数据的创新技术优势，帮助半导体工厂提升生产效率、降低生产成本。

近年来，广东大力推动制造业龙头企业加快数字化转型，支持广州、深圳、佛山、东莞打造制造业数字化转型示范城市，制造强省建设取得扎实成效。

数据显示，2022年广东省新建5G基站5.87万座，超额完成全年建设目标。5G基站数、5G用户规模等均居全国第一。截至目前，广东省累计推动超2.5万家规上工业企业数字化转型，带动70万家中小企业“上云用云”。

《数字化路径》作者、赛意信息咨询子公司总经理谢仁杰认为，广州、深圳、佛山、东莞可从各自优势领域出发，比如广州、佛山在超高清视频和智能家电、智能装备，深圳在新一代信息通信、先进电池材料、高端医疗器械，东莞在智能装备等产业的优势，通过数字化和产业平台等手段，重点提升区域产业集群的核心能力优势，引领广东下一轮的全球制造产业竞争。“建议进一步推动产业间、城市间在供应链、人才、科研、公共服务等领域的合作与共享。可借鉴其他省市数字经济发展思路，‘链主’企业与数字化专业服务团队可联合成立行业服务组织，为产业链上下游企业提供相应的数字化服务。”

“数字经济发展要产业数字化和数字产业化‘两手抓’。”广东华中科技大学工业技术研究院院长张国军认为，对于战略性产业集群的发展而言，产业数字化需求大，且是未来的成长方向之一。“接下来，数字产业化有望成为广东新的经济增长点。”他说。

集群成势

给传统产业安装上“数字大脑”

汕头市永嘉发实业有限公司（简称“永嘉发”）生产车间内，数百台纬编机同时作业。每台织机上都连接着致景科技的“飞梭智纺”数字化系统，生产数据实时同步到公司电脑。

成立于 1995 年的永嘉发位于有“中国针织内衣名镇”之称的谷饶镇。2019 年，公司开始探索传统织布工艺数智化生产。“工厂开展数字化升级改造迫在眉睫！”总经理张嘉伟敏锐地意识到，依靠人工经验决策的管理方式已然落后。

随后，永嘉发与致景科技开展深度合作，后者是专门为纺织服装行业提供全产业链数字化升级的企业。搭乘数字化转型的东风，永嘉发快速发展成为一家集专业织造、染整以及门市成品销售的智能生产服务型企业。

“数字化系统覆盖了纺织产业的上中下游，可以对全产业链的中小企业进行快速复制。”致景科技联合创始人兼高级副总裁李亚平介绍，在上游为纺织企业提供生产经营数智化解决方案；在中游连接一批中小服装制造厂，解决“找布难”行业痛点；在下游聚焦制造，实现柔性化生产。

如今，这家老牌纺织企业生产效率提升了 30%，生产成本降低了 20%，产值从 5000 万元提升到 5 亿元，翻了九倍。

从手摇织布到机械纺织，再到数字针织机，古老的纺织产业在数字浪潮中焕发勃勃生机。这样的变革，同样在佛山市禅城区张槎镇上演。

佛山市鑫威针织有限公司总经理陈凯是一位老纺织人。1995 年入行从事纺织，并于 2015 年办起属于自己的工厂。

“传统的纺织行业想要发展得好，离不开‘降本增效’这个词，而关键就在于数字化。”凭借多年在纺织行业的积淀，陈凯成为较早进行数字化转型的企业家之一。工厂刚办起来，他就使用数字化平台接入设备。

在陈凯看来，数字化转型能使员工更加活跃起来。“以前做一单是一单，员工没有积极性。数字化转型之后，员工们在手机上就可以清楚看到自己每天的工作量和对应薪酬，积极性大大提高了！”

在张槎，越来越多的上下游企业通过数字化系统“拧成一股绳”。陈凯拿出他的手机，系统里显示着原料、物流的进度。“对于下游的大布料企业来说，数字化让整个流程进度更为明晰：哪个工厂的生产进度是多少、需要多少物料，企业都可以通过数字化平台系统的辅助作出决策。”

当前，广东在全国率先开展产业集群数字化转型：在揭阳中德金属生态城园区中央工厂，注塑生产机器全自动运转；在佛山北滘镇小家电企业，设备实现了基于互联网信息的实时更新；在东莞松山湖电子信息产业园区，智能生产线搭载了华为工业互联网平台……目前，广东累计推动超过65万家中小企业“上云上平台”。

战略性产业集群持续升级，支柱作用更强。广东实施汽车零部件产业“强链工程”，汽车产销量连续6年全国第一，汽车产业首次实现超万亿元营业收入。广东20个战略性集群增加值占GDP（地区生产总值）比重超过40%，形成8个超万亿元的集群；7个先进制造业集群，入选首批国家先进制造业集群名单。

2022年以来，一系列政策陆续出台：评估修订战略性产业集群“1+20”政策文件，组织开展“1+9”重点产业链供应链安全稳定调研并制订“1+N”专项政策包。截至2020年底，广东累计为8.11万家次战略性产业集群企业（项目）新增融资1.15万亿元。

疾驰在“新赛道”上，离不开制造业企业梯队式“进化”。广东大力做好企业梯度培育，2022 年广东有 8 家制造业企业进入 2022“世界 500 强”，24 家制造业企业进入 2022“中国 500 强”；7 家企业入选国家第七批制造业单项冠军，447 家企业入选国家第四批专精特新“小巨人”企业。广东累计为 8373 家次“专精特新”企业新增融资 546.8 亿元，预计推动近 1 万家企业“小升规”。

“建议更大力度推动传统优势产业细分领域的数字化转型。当前，广东现代轻工纺织等万亿级产业集群均属于体量规模庞大、亟须转型升级的传统优势产业。这既是广东实现工业经济平稳发展的重要手段，又是构建现代化产业体系的必经路径。”工信部电子五所副所长、广东省制造强省建设专家咨询委特邀专家王勇如是说。

谢仁杰则认为，面向新发展阶段，建议广东政府各部门继续发挥专项财政帮扶、营商环境优化作用，推动产业链上各级企业的数字化升级；政企联动，推进产业行业数据集市、产业集群供应链地图、产业智能化能力建设，让行业数据、政务相关数据能真正成为生产要素。同时，建议产业领军企业充分发挥“链主”带动作用，牵头完成产业互联、工业互联网等平台的建设与升级，打通产业链关键环节，形成该产业在全国、全球的模式优势和效益优势。

核心攻关
破解数字经济领域“卡脖子”问题

位于南海三山文翰湖旁的季华实验室，即便是湿冷的冬季，这里科技创新的氛围仍能带给人骄阳般的火热。在大功率半导体装备研究部，研发人员一遍又一遍对新设备运行的稳定性进行测试。

广东省委经济工作会议提出，要强化企业创新主体地位，强化以需求为导向的科技攻关。广东半导体及集成电路产业正迎难而上、愈难愈进，加快突破数字经济领域“卡脖子”关键核心技术难关。

“我们早在2018年就研发出了半导体设备关键零部件2.45GHz微波电源，但关键材料却无法在国内完成生产。”季华实验室（先进制造科学与技术广东省实验室）半导体技术研究部相关负责人胡琅谈起创业初期深感无奈。

胡琅的遭遇，折射出广东半导体及集成电路产业的发展困境。

珠三角地区有着全国最大的芯片消费应用市场，但在整个产业链中制造短板明显。2019年，广东半导体及集成电路产业主营业务收入超1200亿元，其中，集成电路设计业营业收入超1000亿元，制造营收占比较低。

核心产品生产不来，关键时刻就受制于人。

2019年，美国单方面挑起贸易摩擦。随后，美国加大对华为等企业芯片断供的制裁打压力度。百年变局叠加世纪疫情，全球芯片面临供应危机。制造大省广东的供应链受到冲击，“缺芯”风暴席卷手机消费电子产品和汽车工业等领域。

2021年8月，总投资162.5亿元的广州粤芯半导体技术有限公司（简称“粤芯半导体”）三期项目启动，新建产能4万片/月的12英寸集成电路模拟特色工艺生产线，瞄准工业级、车规级芯片。11月，粤芯半导体又完成了新一轮B轮融资，资金全部用于三期项目建设。

作为粤港澳大湾区唯一一家专注于模拟芯片领域和进入全面量产的12英寸芯片制造企业，粤芯半导体先后于2019年及2021年实现一期、二期项目正式量产，从消费级芯片起步，进而延伸发展至工业级和车规级芯片，助力广东打造具有全球竞争力的集成电路产业创新高地。

“我们将充分发挥‘链主’作用，助力广东打造具有全球竞争力的集成电路产业创新高地。”粤芯半导体总裁兼CEO陈卫表示，该企业自落户广州以来，吸引来自材料设备、芯片设计、封装测试、终端应用等上下游 150 家企业落户黄埔开发区。

而在 2022 年 10 月底，华润微电子深圳 12 英寸集成电路生产线项目也正式开工。项目一期总投资 220 亿元，建成后将年产 12 英寸功率芯片 48 万片，产品用于汽车电子、新能源等领域。2021 年，华润微电子还在深圳建立了南方总部基地暨全球创新中心，积极打造汽车芯片产业链生态圈，强化创新研发和投资并购职能。

广东是全球电子整机的制造基地，为半导体产品提供了巨大的应用市场。

华润微电子有限公司总裁李虹表示，将全力以赴推进深圳 12 英寸特色工艺集成电路生产线工程建设，该项目预计于 2024 年年底实现通线投产。

李虹介绍，华润微电子将聚焦电机驱动、模数转换、微控制器件和光电集成等产品，重点支持新能源汽车、光伏储能、物联网、传感器等新兴领域的研发应用，助力广东实现集成电路发展的区域集聚。“项目的建成，还将与设计、封装、测试等产业链上下游形成联动集聚效应，满足广东经济高速发展对半导体产品的巨大市场需求，助力做强做优珠江东岸电子信息产业带和珠江西岸先进装备制造产业带。”

放眼全省，更广泛的协同创新正在加快推进。2021 年以来，广东推动成立投资规模均超百亿元的湾区半导体、广大融智、智能传感器三大产业集团，设立总规模超千亿的 6 只投资基金，支持广州、深圳、珠海等打造集成电路产业发展集聚区。截至 2021 年，广东半导体及集成电路产业实现营业收入增至 2017 亿元。

“培育壮大战略性新兴产业集群，核心问题是应对好当前国际经济循环中存在的科技脱钩、产业脱钩、金融脱钩和规则脱钩等挑战，推动广东形成全球创新策源地。”中国国际经济交流中心首席研究员张燕生如是说。

而当下，在半导体及集成电路的部分领域，中国与发达国家大致处于相同起跑线，制造立省的广东有着“换道超车”的时代契机。“以碳化硅、氮化镓为代表的第三代半导体技术，有望成为广东发力领先的新赛道。”季华实验室大功率半导体装备研究部主任伍三忠判断。

广东省工业和信息化厅党组书记、厅长涂高坤表示，接下来要加快在集成电路、工业软件、高端设备、新材料等领域补齐产业链短板，建立健全以企业为主体的制造业协同创新体系，为广东制造业发展提供源源不竭的“第一动力”。

中国（深圳）综合开发研究院港澳及区域发展研究所所长张玉阁认为，必须从战略高度看待工业对经济的“压舱石”作用，从安全角度推进制造业当家。根据工业特别是制造业智能化、自动化、数字化的发展趋势，加快推进制造业当家。

第四章　新平台

创新平台加速落地　持续放大磁吸效应

“作为国家重大科技基础设施，自 2018 年对外开放以来，中国散裂中子源已完成 8 轮用户实验共 800 多项课题、全球累计注册用户 4000 多名。”在 2022 年 12 月举办的 2022 年湾区科创峰会上，中国科学院院士、中国散裂中子源工程总指挥陈和生介绍了近年来的发展成果。在新型能源材料、航空材料等多个领域，位于东莞的中国散裂中子源“大显身手”，已成为大湾区科技创新的共享性关键支撑平台。

这场科创峰会上发布的《共享创新指数研究报告》指出，粤港澳大湾区创新资源要素频繁流动、深度共享，背后依托的是科技和产业创新的“三大利器”——区域产业集聚平台、大科学装置平台和企业开放创新平台。正如一块吸力强大的磁铁，散裂中子源等“大国重器”发挥了巨大的辐射带动作用。据估计，一个大科学装置就可以集聚 500—1000 名科学家和科研人员常年开展研究。

放眼广东，一批涵盖各个优势学科和产业领域的国家实验室、国家重点实验室加速建成落地，与省实验室、新型研发机构以及 6 万多家高新技术企业打造的创新平台联动，进一步放大对各类创新要素的磁吸效应，为大湾区的科技研发和产业创新提供重要支撑。

在广东，一个活跃、高效、开放的区域创新体系正加速形成。

坐落在东莞市的中国散裂中子源科学中心（姚志豪摄）

“国家队”加快布局　形成集群之势

2023 年伊始，中国散裂中子源又传来令人振奋的好消息——国际首台飞行时间多狭缝微小角中子散射谱仪成功出束，国内唯一能量分辨中子成像谱仪成功出束，两台谱仪的成功研制、安装，将为大湾区科技创新合作提供更有力的支撑。

来到东莞松山湖，一片荔枝林郁郁葱葱，被称为“超级显微镜”的中国散裂中子源就坐落其中。中国散裂中子源的落地，使我国成为世界上第四个拥有脉冲式散裂中子源的国家。作为珠三角地区首个国家重大科技基础设施，它吸引汇聚了约 500 名科技人才和工程技术人员，在中国科学院院士陈和生的带领下，近几年来在前沿科学和产业急需的领域不断突破，收获了累累硕果。

“在‘家门口’就能做实验，让我们做科研的底气更足了。”来自香港大学的黄明欣教授因此得益。借助“超级显微镜”，黄明欣教授团队顺利研发了“超级钢”——一块 1 平方厘米大小、1.5 毫米厚的“钢片”，可以承受 3 吨的压力，相当于一头成年亚洲象的重量。

“它不仅是首个落地珠三角的国家大科学装置，也是继英国、美国、

中国散裂中子源靶站大厅（孙俊杰摄）

日本之后，世界第四台脉冲式散裂中子源。”陈和生说道：“近些年来，中国学者申请国外散裂中子源的实验机时面临越来越多的困难，自主研发必须首先做到设备不再受制于人。有了它，相关领域的中国科学家结束了排队申请使用国外设备开展科学研究的历史。”

自投入运营以来，中国散裂中子源一直积极参与粤港澳大湾区建设国际科技创新中心和高水平人才高地。中国科学院高能物理研究所副所长、散裂中子源科学中心主任陈延伟介绍：“我们联合东莞理工学院和香港城市大学建设的多物理谱仪，是国内首台中子全散射谱仪，可用于不同有序度材料的结构研究。”该装置自 2021 年 10 月正式向全球科研人员开放以来，香港中文大学、香港科技大学、香港理工大学、澳门科技大学等高校的用户在这里开展了多项实验研究。

“纵观世界各大湾区，大科学装置都是其创新发展的重要支撑。除了中国散裂中子源，粤港澳大湾区正在布局建设一批新的大科学装置，相信未来这些装置将成为大湾区吸引人才和创新发展的重要平台。”陈延伟说。

落地广东的创新平台涵盖了各个优势学科领域和产业领域，在吸引全球顶尖的智力资源来到粤港澳大湾区的同时，也与大湾区的科创力量强强联手，在科技创新中不断突破，已成为科技创新成果转化的沃土。

就在数月前，香港科技大学的邵敏华教授团队研发出一款新型氢燃料电池，将电催化剂中所需的铂含量大幅降低了80%。这一成果在降低成本的同时，更刷新了这种电池发电耐久性的世界纪录。在这背后，就有着国家超算中心广州中心南沙分中心这位“队友”的强力“助攻”。

得益于南沙分中心超算资源的支持，同样来自香港科技大学的张欣教授团队顺利开展单车空气动力学研究，帮助中国香港运动员李慧诗改进运动姿势、研制新的单车服，助力李慧诗在2021年东京奥运会上夺得铜牌。

类似这样的成功案例并不少。超算中心机柜延伸出的百兆网络专线搭建的无形网络，将落地广东的超强算力与粤港澳大湾区的科创力量紧密联结，让香港的教授感叹“用广州超算就像用局域网”，科研攻关更加得心应手，办成了一些过去想做但做不到的事。

国家超算广州中心南沙分中心有关负责人介绍，南沙分中心是全国首个通过“点对点”跨境光纤网络专线，连通内地与港澳地区的高性能计算和数据处理服务平台，为两地科研发展和成果转化提供了关键的技术支撑和服务。自2016年9月投入使用，南沙分中心已经为200多个港澳及海外的科研用户团队提供了超算服务，涉及材料化学、生物医药、气候模拟、海洋环境与金融计算等多个领域。

作为广东创新驱动发展的重要支撑和引领，以中国散裂中子源、国家超算广州中心南沙分中心等为代表的科创“国家队”加快在广东布局，国家实验室、国家重点实验室、国家技术创新中心和重大科技基础设施纷纷落地，渐成集群之势。

中国国际经济交流中心首席研究员张燕生在粤港澳大湾区调研时注意到，粤港澳大湾区在研发经费投入和研发强度上表现突出。他建议，未来还需更加注重基础研究、应用基础研究、共性技术研究的平台和能力建设。

在这一方面，广东已经加快了建设步伐。落户深圳的 5G 中高频器件创新中心就是一个典型案例。

5G 中高频器件创新中心是落户广东的又一个国家制造业创新中心。创新中心整合产业链优势资源，为产业链的器件企业提供技术成果从中试到量产的共性技术开发和验证的公共技术服务，从而降低企业，尤其是中小型企业在中试—量产环节的投入门槛。这一创新中心之所以选择广东、选择深圳，深圳市工业和信息化局党组书记、局长余锡权是这样总结的："深圳技术积累好、应用市场大、网络基础好、专利申请多。"

省实验室打造国家实验室"预备队""种子队"

作为经济大省，广东原有的科技力量并不突出。近年来，除了国家级的创新平台，广东瞄准新一轮创新驱动发展需求，分批启动建设省实验室，着力打造国家实验室的"预备队""种子队"，以此解决原始创新薄弱的问题。

自 2017 年广东启动建设首批 4 家省实验室，到 2020 年启动第三批省实验室建设，广东在全省布局了 10 家省实验室。这些实验室涉及网络通信、人口与健康、先进制造、材料科学、海洋科学、精细化工、生物医药、农业科学、先进能源、人工智能与数字经济等领域。

在首批建设的 4 家实验室中，深圳鹏城实验室聚焦通信与人工智能、广州生物岛实验室聚焦再生医学与健康、佛山季华实验室专攻先进制造、东莞松山湖材料实验室深耕材料科学，均为当地优势支柱产业，意在解决产业发展中的共性技术难题。"省实验室是带着探索体制机制创新基因而诞生的，在人事、财务、薪酬、科研组织等方面都赋予自主权。"广东

广州国际生物岛，绿荫掩映，生物科技企业云集，如同镶嵌在珠江中的一颗璀璨明珠（张冠军摄）

省科技厅实验室处相关负责人说，“科学家治理，让实验室具有科研立项自主权，确保能快速部署科研任务”。

成立五年后，广州生物岛实验室（原名“广州再生医学与健康广东省实验室”）正站在“二次创业”的起点。

“如今的生物岛实验室已完成了组建国家实验室的使命目标。接下来，实验室将由全能型研究机构向成果转化专业机构转型。”在 2022 年 12 月举办的生物岛实验室建设五周年新闻发布会上，广州市黄埔区科学技术局党组书记、局长陈伟权介绍。

生物岛实验室党委副书记兼综合管理部部长马常钧在回顾过去几年的发展成果时总结道，实验室参与的大科学装置平台建设，实现了广州在国家重大科技基础设施上的新突破。此外，实验室高标准建设的共享仪器设备和技术服务平台自 2021 年运行以来，已为 50 余个科研团队 350 余人提供技术服务 1000 余次；产业转化服务平台聚焦“卡脖子”技术和共性关键技术，着力通过自主研发或整合其他科研院所、大学的科研资源，实现技术创新突破和成果转化。

走进位于佛山的季华实验室 B 区智能机器人工程研究中心，90 后海归博士魏晟正忙于调试设备。作为自编程智能机器人制造单元研发及产业化团队的核心成员，他带头开发的 FCT（功能测试）自编程协作机器人检测工作站已经成功在佛山一家家电龙头企业投入使用、大展身手。

成立于 2018 年的季华实验室，全称是先进制造科学与技术广东省实验室，其立足点正是推动、服务制造业的创新发展。最近，季华实验室测试中心的多台仪器设备还面向社会开放共享，以此提高科研仪器使用效率，降低科技型中小企业研发成本。“合作节省了我们的研发费用。接下来我们将用这台仪器进一步提高研发效率。”成功申请到科研仪器使用权的企业负责人对此纷纷点赞。

在湛江湾东岸，昔日无人问津的小滩涂已蝶变成投资置业的热土。一座高新产业园区——湛江国家高新区正在这里崛起。

2018 年，第四届“互联网 +”博览会，季华实验室多个科技项目在此“首秀”（戴嘉信摄）

位于湛江坡头区的海东园区是湛江国家高新区的主园区，主要依托湛江湾实验室、深圳鹏城实验室、中海油等单位、企业和广东海洋大学、广东医科大学等高校，重点发展海洋战略性新兴产业、生物医药、电子信息产业等。

湛江湾实验室是第二批启动建设的广东省实验室之一，也是粤西地区首个获批设立的省实验室。园区负责人介绍，实验室主要聚焦海洋装备、海洋能源、海洋生物三个领域，围绕深海养殖技术与装备、海洋能源绿色开发两条主线，着力打造一个深远海养殖技术与装备产业集群。过去几年里，实验室取得了累累硕果：研制出我国第一台深海油气探测可控震源系统试验样机，国内首台套适应深远海工况的海上浮式风电装备投入试验，开发出国内首套50kW级海洋温差能发电系统试验平台，突破深远海适养鱼类高体鰤的人工繁殖技术……

湛江市科技局相关负责人介绍，湛江湾实验室的建设以打造国家实验室预备队为目标，以创新链带动产业链，以产业链带动创新链，“湛江湾实验室一方面是解决技术上的‘卡脖子’问题，一方面是试图将科技成果转化为一个产品，乃至一个产业”。

广东省实验室布局不仅瞄准科技发展的前沿与热点，也面向当地的战略急需，为产业发展提供科技支撑。省实验室已成为广东科技创新的“发动机”“试验田”，播下科研项目的“种子”，结出产业转化的“果实”。

创新平台与龙头企业紧密联动、共同攻坚

截至2022年底，广东区域创新能力已连续6年全国第一。在这背后，众多国家级、省部级创新平台加速了大湾区创新要素的流动，推动创新资源实现更高效的配置。与此同时，各类创新平台与企业之间紧密联动，产学研合作水平进一步提升，成为关键技术攻坚中的核心力量。

再过几个月，一列喷上特殊涂料的复兴号车头就能完成中试产品性能验证。从团队对接到产品 1.0 版本投入野外道路运行测试，中国铁路科学研究院和广东省科学院化工研究所、广东省科学院江门产业技术研究院（简称“江门产研院”）、广东雅图高新材料股份有限公司只用了短短 3 个月，就将科研成果转化落地。

江门产研院是江门与广东省科学院合作共建的产学研创新平台，将服务江门全市战略性产业集群创新发展。“目前我们已开展产学研合作项目 30 项，推动研究所与企业共建 33 个创新平台。”院长林展江说。

在制造业重镇佛山、东莞、中山，广东省研究生联合培养基地的高校教师和企业导师带着学生扎根企业一线，直面产业难题。“只有到车间实操，知识才能转化为可见的成果。”2022 年 7 月，近 300 名佛山基地研究生陆续到 97 家企业报到。汕头大学学生黎达在入驻佛山百瑞新材料科技有限公司后的短短半年里，成功申请了三件专利，发表了两篇论文，制备出耐高温、耐冲蚀、高导热涂料，并在电厂投入试用。

2023 年 1 月召开的广东省委经济工作会议强调，要强化企业创新主体地位，强化以需求为导向的科技攻关，强化科技创新的教育、人才支撑，不断塑造发展新动能、新优势。近年来，众多行业龙头企业纷纷成为创新平台的搭建主体，开创了“千军万马齐创新”的良好局面。

据统计，广东拥有超过 6 万家的高新技术企业发明专利有效量接近 44 万件，PCT 国际专利申请量达到 2.6 万件。一批龙头企业在集聚创新人才、打造良好的创新生态中发挥了重要作用。2022 年的“世界 500 强”榜单上就有 17 家广东企业，其中有不少是具有全球竞争力的领军企业。2021 年广东全省在 A 股上市的 92 家企业中，超过九成是高新技术企业。

2022 年，广东公布了第 20 批省级企业技术中心的认定名单。这其中，就有不少龙头企业的身影。美的集团旗下的佛山市顺德区美的电热电器制造有限公司、广东美的厨房电器制造有限公司、库卡机器人（广东）有限公司等6家企业榜上有名。

在美的集团，创新平台建设已经成为企业技术创新体系的核心。“我们引进了60多位博士及国内外高层次人才参与基础理论研究及创新开发。”佛山市顺德区美的洗涤电器制造有限公司有关负责人介绍，在团队的努力下，企业实现了洗碗机健康存储、Innowash二维旋转喷射、相变蓄能等多项国际领先水平的技术。

在2022年6月广东举行的经济社会发展成就系列新闻发布会科技创新强省建设专场上，广东省科技厅有关负责人介绍，广东大力引导企业建立研发机构，鼓励企业积极参与技术创新中心、工程技术研究中心、重点实验室等创新平台建设，大力支持企业参与关键核心技术攻关。“在广东省科技厅实施的重点领域研发计划中，企业牵头项目超过一半，参与项目达九成以上。”

据统计，截至2022年底，粤港澳大湾区内地9市已拥有国家级企业技术中心87家，累计培育996家省级企业技术中心。在广东，企业技术中心已逐步成为企业提升自主创新能力的核心载体。

“我们每家企业领先多一点，广东现代化产业体系就能在全球价值链上有所攀升；我们在高质量发展上开拓进去，就意味着广东现代化建设的物质技术基础在不断夯实。”企业强则产业强，2023年1月，全省高质量发展大会召开后，企业家们纷纷表示将练好内功、提升核心竞争力，为广东高质量发展贡献力量。

第五章　新生态

创新节点“串珠成链”　成果加速从“纸上”到“地上”

区域创新能力连续 6 年领跑全国；重大科学装置在大湾区密集布局；高新技术企业数超过 6 万家；发明专利有效量接近 44 万件；新增 7 位两院院士……广东全过程创新生态链正加速成形。

创新是一个系统工程，需要研发、产业、金融、人才等各环节相互支撑。广东省委十三届二次全会提出，推进高水平科技自立自强，加快构建全过程创新生态链，推动创新链、产业链深度融合。

调研组发现，广东在科技创新体制机制、重大基础设施落地、实验室体系组建、人才培养、金融支撑等创新生态链上节点存在诸多探索，亮点日益“串珠成链”，助推创新链和产业链进一步融合。随着优势的进一步发挥，广东科技成果加速转化为现实生产力。

攻关

“软”“硬”结合　打造原始创新策源地

“发动机专为混动系统开发，实验室最高热效率达到 44.14%，刷新中国品牌发动机最高热效率认证纪录。”面对“中国心”2022 年度十佳发动机及混动系统评选专家团的专家，广汽研究院动力总成中心发动机系统研发部副部长占文锋自信地介绍技术亮点。

随着评选获奖名单张榜，广汽集团 2.0ATK+GMC2.0 钜浪混动系统获得“十佳发动机及混动系统”称号。

这得益于广汽集团的关键核心技术攻关机制。针对相关科研攻关任务，广汽研究院凝练悬赏标的，征集揭榜方，并对揭榜项目组织评审，择优予以经费支持。该研究院有关负责人表示，该机制有助于攻克广汽研究院的“卡脖子”技术难题，提升原创能力和核心竞争力。

随着科技创新工作步入“深水区”，需要进一步完善科技创新体制机制。调研中，专家学者认为，构建全过程创新生态链，应进一步深化科技体制机制改革，提高全社会的创新热情和成果转化效率。

中国（深圳）综合开发研究院公共经济研究所副所长汪云兴认为，以科研体制创新为核心内容的科技“软环境”营造是促进区域科技发展的核心动力，“除了在大装置、大平台、大团队、大学等‘硬条件’方面发力外，更为关键的是能够促进这些创新要素高效发挥作用的‘科研体制机制’供给”。

围绕破解制约创新的短板和体制机制障碍，广东已陆续出台《促进科技成果转化条例》《自主创新促进条例》《关于加强基础与应用基础研究的若干意见》《重点领域研发计划实施方案》和“科创12条”等，推动科技创新政策法规体系不断完善。

与此同时，“揭榜挂帅”“赛马制”“军令状”等技术攻关组织模式，形成试点经验并积极推广。风华高科、格力电器、佛山众陶联、凯立新材料、优必选科技等诸多企业都在线发布技术需求，“揭榜挂帅”等技术攻关组织模式消除了技术需求方与供给方之间的信息不对称。

生物岛实验室主任助理杨寿桃采用“揭榜挂帅”等方式，整合大学、科研院所、企业等资源联合攻关，从源头上保障科研成果有需求、有价值、有市场。

中国科学院广州生物医药与健康研究院副院长潘光锦认为，实现高水平科技自立自强，重点是要开展成建制的、长期的科研攻关，这就需要加强科技创新的顶层设计，“要组织顶尖科学家和优势科研机构开展论证，明确科学研究的重点方向，并依托高水平科研机构和平台，在某些特定领域做大做强”。

“软环境”不断优化的同时，以重大科技基础设施为代表的“硬设施”供给，也让粤港澳大湾区的创新生态更成熟。

如今，国家重大科技基础设施在广东多点开花。在惠州，加速器驱动嬗变研究装置和强流重离子加速器建设现场热火朝天；在广州，冷泉生态系统研究装置配套科研综合楼等正在有序建设中；在东莞，中国散裂中子源旁，南方光源研究测试平台项目已进入工程最后阶段……

一批“国之重器”也正在谋划、推进中。广东提出，要加快惠州强流重离子加速器、江门中微子实验室建设，开工建设中国散裂中子源二期和人类细胞谱仪，打造世界一流的重大科技基础设施群。

科技强国的崛起和发展都离不开一流实验室的载体支撑。

重大科技基础设施之外，广东省初步构建起以国家实验室为引领，省实验室、国家重点实验室、省重点实验室、粤港澳联合实验室（20家）、“一带一路”联合实验室（4家）以及国家级（11个）、省级野外科学观测研究站（16个）等组成的高水平、多层次、宽领域省实验室体系。

学者建议，强化攻关协同，加速突破性创新。全力支持实验室聚焦事关全局的重大基础性、战略性、关键性、颠覆性或开创性战略科技问题，联合高校、科研院所、企业等开展跨学科、大协同攻关。

广东亚太创新经济研究院理事长李志坚从强化区域协作角度建议构建共生共享的创新生态，他建议推动粤东粤西粤北地区与珠三角合作共建省级以上重点实验室、技术创新中心、新型研发机构、检验（认证）中心等高水平创新平台，共同申报省重点领域研发计划等项目，联合开展关键技术研究和产业化应用，加快推进科技成果产业化、项目化。

针对全过程创新生态链的第一环，广东发布《基础与应用基础研究十年“卓粤”计划公开征求意见稿》，在多个重点领域加强布局——将 1/3 以上的省级科技创新战略专项资金投向基础研究，支持建设大湾区量子科学中心、加快推进国家应用数学中心建设、开展基础学科研究中心建设……

浙江大学国际联合商学院数字经济与金融创新研究中心联席主任盘和林认为，一方面持续深化基础与应用基础研究，加大关键核心技术攻关力度，如建立“需求方出题、科技界答题”新机制，探索关键核心技术攻关新型举国体制“广东路径”；另一方面，要持续推进成果产业化，打造科技成果产业化最佳地。

从“软环境”到“硬设施”，从大科学装置到实验室体系，广东正打造原始创新的策源地，有力支撑粤港澳大湾区国际科技创新中心建设。

转化
科技引领　创新成果加速到“车间”

在中山翠亨新区，中科富海生产车间内的超低温工程技术设备闪烁着冷峻的金属光泽。这个车间生产的超低温大型装备，可以满足国家大科学工程、战略氦资源综合开发利用、绿色氢能产业发展需求。“中科院理化所 4 代科学家以 60 年的时间凝聚成‘超低温技术’的结晶，我们负责带大这个婴孩。”中科富海董事长朱诚对调研组表示。

朱诚这样解释选择落地翠亨新区的原因：“广东是科技创新的沃土，具有市场化程度高、信息交流快、人才拼劲足、交通运输便捷的特点，更重要的是相关的产业配套很容易在珠三角周边实现。”

中科富海制造车间内，工人在热火朝天地制造超低温装备（肖雄摄）

在科技创新议题中，原始创新是“从 0 到 1”，科技成果转化是“从 1 到 10”，科技成果产业化是“从 10 到 100”。汪云兴认为，技术创新的根本目的是服务市场，满足人民对美好生活的需求，支撑国家产业和经济发展。只有加强创新链和产业链的全方位对接，才能真正发挥科技的引领支撑作用。

广东的科技成果转化与产业化可以在新能源汽车领域得到印证。2022 年 12 月 29 日，位于埃安的锐湃动力科技有限公司正式动工。至此，埃安顺利打通了包括上游原材料、研发、制造、电池回收及梯次利用在内的能源生态产业链布局。

来自广东省科技厅的数据显示，围绕新能源汽车产业，广东建立了从基础研究到应用研究再到成果转化的完善科技平台体系，现已建设仙湖实验室等 4 家省实验室和 8 家省重点实验室、北京理工大学深圳研究院等 3 家高水平创新研究院和 11 家新型研发机构；同时支持成立广东省大湾区新能源汽车产业技术创新联盟，通过构建产学研深度融合的创新联合体，打造支撑汽车产业高质量发展的科研平台和高端智库。

如何从10迈向100、从实验室迈向工厂车间？

这重要一跃需要作为创新主体的企业深度参与。2021年度广东省科学技术奖获奖名单中，比亚迪、格力等企业牵头的项目均榜上有名，彰显了广东强化企业创新主体地位、支持科技领军企业牵头或参与关键核心技术攻关的成效。

当前，广东强化企业在科技创新方面的主体地位和作用，一方面在重大科技项目的实施中，加强企业的参与度、话语权；另一方面，广东也在全面落实研发费用的加计扣除等政策，引导企业加大研发投入。

广东省新兴激光等离子体技术研究院副院长朱昆建议，跨越产业化“死亡谷”依赖产业资金的大力支持与产业资源的高度协同。科技成果向产业转化的过程中，存在一个“死亡谷”。想要跨过产品阶段这个“死亡谷”，需要大量的资金与资源的合力支撑。“建议政府牵头，构建产业链交流、沟通、协作平台，推动产业链上下游加强合作找到应用场景，实现市场与供给的匹配，这对创新落地和加速推动产业化进程将大有裨益。”

京津冀国家技术创新中心主任、粤港澳大湾区协同创新研究院院长王荽祥认为，要提高成果转化的绩效，需要从三个主要环节发力。首先是拥有规模化的高水平基础研究。“把项目源头基数从100扩大到200、300，甚至1000或更多。”王荽祥表示。其次是拥有完善的科学技术化、技术产品化的支持系统，将种子发芽的概率从10∶1改进到9∶1、8∶1，甚至更好。“发达的风险投资、完善的创业服务体系、开放包容的创新文化等为种子、苗子提供了富有营养的土壤和适宜的气候，有利于其成材、成林。”

调研组发现，大湾区产学研协同创新的环境，是推动科技创新企业落户广东、让科技成果加速从“纸上”到“地上”的关键。

舒糖科技生产的健康智能穿戴设备外形与一般的智能手表无异，采用光谱技术及心电图技术，实现无创连续血糖监测。第一批产品进入市场后，迎来了销售开门红。公司创始人何耀威选择到深圳实现应用转化，目的是可以利用香港的研发实力和深圳的产业配套。

顺畅的科技成果转化渠道，促进了产业链与创新链的深度融合。数据显示，2021 年度广东科技进步奖共有 142 项获奖，获奖项目成果在产业化应用过程中产生了显著的社会经济效益。成果产业化应用后在完成单位新增销售额累计达到 3757.34 亿元、新增利润累计达到 644.03 亿元。

“随着大湾区的进一步发展，市场经济的进一步开放，越来越多的高科技企业会落户在湾区，有核心技术优势、相关专利水平的公司会在竞争中脱颖而出。”朱诚如是憧憬着。

支撑

积蓄发展势能　关键要素加快流转

2021 年，向江旭加入美的集团，任职美的 IoT 副总裁兼 CTO（首席技术官）。有个细节让他感受到了美的对于人才的重视——当时美的集团董事长方洪波对家住北京的向江旭说：“我们因人设立办公室。人才在哪，我们的办公室就可以在哪。”向江旭认为，正是珍视人才的企业文化，美的对人才有了更大的吸引力。数据显示，2021 年，美的研发人才数量为 18 105 人，比 2020 年增加了 18.65%，其中硕士学历和博士学历人数增幅分别达 23.66% 和 38.07%。

人才聚、事业兴。汪云兴认为，要发挥人才在创新中的核心关键作用，系统优化人才政策体系，筑巢引才、创业用才、环境留才，突出“高精尖缺”导向，坚持引进来、走出去，激发人才创新动力、活力和潜力。

朱昆认为，企业在自身产业化的过程中，技术经理人是产业转化中一个非常重要的角色，核心职能是实现技术与市场的匹配。“希望政府在人才政策方面进行‘聚焦’，构建技术经理人的评价体系，出台一系列精准政策，鼓励政府、学校、科研院所、企业大力培养技术经理人，构建广州市的技术经理人网络与平台。这将对科技成果转化起到强有力的推动作用。”

实现“双链”融合，还需要发挥金融资本的链接和催化作用。

“我们的激光设备可以替代传统冲床，实现‘豆腐雕花’般的切割钢板。”汇百盛激光公司总经理梁建冬说。一个多月前，汇百盛激光佛山总部增资扩产项目顺利落地。其中，来自银行的1亿元授信中包含了知识产权质押贷款，为企业继续专注于激光智能装备研发和向产业高端迈进提供了持续、稳定的金融“活水”。

近年来，金融资源向科技创新领域倾斜力度加大，创新主体得到“真金白银”的支持。泰斗微电子副总经理李勇感受深刻：“从2019年开始，与我们轻资产、重技术公司匹配的金融产品越来越多。”

调研发现，广东知识产权质押融资业务快速发展。来自广东银保监局的数据显示，2022年前三季度，辖内知识产权质押贷款累计投放规模达到110.23亿元，同比增长66%；截至当年9月末，知识产权质押贷款余额超160亿元，同比增长104%。

探索信贷融资支持科创新模式之外，广东的股权融资也深度参与科技创新产业化过程。

芳源股份是国内领先的锂电池NCA正极材料前驱体生产商。2017年，20多个投资机构“组团”对芳源股份进行调研，中科科创投资团队看好芳源股份的管理团队和技术优势，选择留下来与企业进一步交流。

在资金“活水”的支持下，芳源股份成为松下 NCA 前驱体材料唯一的供应商，所制造的三元锂电池最终将进入特斯拉供应链。2021 年 8 月 6 日，芳源股份在科创板发行上市。

2023 年 2 月 18 日，广州成立 2000 亿元母基金的消息，犹如一颗巨石投向创投圈和产业界。在广东，除了 2000 亿元母基金外，政府引导基金、国资背景投资基金不断涌现，为地方产业高质量发展注入澎湃动力。如今，产业投资基金已成为助推重点产业发展的重要出资者以及资本市场活跃的金融力量。

2022 年 6 月 1 日，中科宇航正式迁入广州，成为广州首家商业航天独角兽企业。随着中科宇航产业化基地在广州南沙正式投产使用，广东在商业航天制造产业方面的空白得到填补。在这背后，越秀产业基金连续 3 轮投资中科宇航。

上海国有资本运营研究院院长罗新宇认为，今天国资国企参与产业发展的形式和过去有很大不同：“更多是通过体制机制创新，发挥国有平

2023 年 2 月 18 日，广州产业投资母基金和 500 亿元广州创新投资母基金及广州产业发展研究院在广州成立（张令摄）

台作用、基金资本优势，打造产业生态圈，引领带动赋能更多的社会资本和各类企业，通过专业分工参与产业发展。”

与此同时，产业投资基金往往与地方招商、企业孵化有机结合，以“基金丛林”招来“金凤凰”。以中科宇航为例，其在广州落成投产，成为广州商业航天产业“链主”。“中科宇航将吸引更多商业航天配套企业落地广州，并对当地高端制造业和新兴产业发展产生辐射带动作用，大大提升地区整体创新能力和技术水平。”中科宇航副董事长郑军说。

广汽资本的案例印证了这一趋势。广汽资本总经理袁锋介绍：“广汽资本依靠投资补充未来发展所需，以资本纽带补齐转型过程中缺少的部分。”目前，广汽资本已投资数十家企业，通过投资与产业深度绑定，进一步强化供应链稳定性，长期来看还有助于提升汽车产业在“卡脖子”环节的核心技术和零部件的自主可控性。

朱昆认为，产业投资基金的投资可以推动产业链上下游加强合作，找到应用场景，实现市场与供给的匹配，对创新落地和加速推动产业化大有裨益。

“粤港澳大湾区作为科技创新的前沿阵地，正在锻造科创发展势能。”中科科创首席执行官谢勇总结道。他认为，在创新驱动发展战略导引下，粤港澳大湾区内基础研究和原始创新能力不断加强，资本、技术、人才、信息等关键要素加快流转，重大科技创新项目不断涌现，大湾区的科技创新能力正得到全新提升。

第六章　榜单分析

2022 榜样的力量——“FIT 粤”科创先锋榜单特征分析

“2022 榜样的力量——‘FIT 粤’科创先锋榜”评选活动于 2022 年 11 月 1 日启动。经过严格的参评条件审核程序，共有 39 027 家企业入围初评。本次大赛的参评企业遍布 20 个地市（不含深圳，下同），来自珠三角的企业占比高达 91.78%，广州市、东莞市、佛山市、中山市的参评企业数量领先于其他地市，分别为 29.25%、18.92%、18.71%、5.87%，2/3 以上的参评企业来自这些地区。在技术领域大类上，先进制造与自动化技术领域占比最高，为 30.63%，其次为电子信息和新材料技术领域，占比分别为 23.99%、18.17%。

根据《2022 榜样的力量——“FIT 粤”科创先锋榜评审工作流程》，经评审指标体系评价、专家打分等环节，最终评选出“广东先锋企业百强榜”“最具综合投资价值榜”及“六大重点产业集群最具投资价值榜”。共有 190 家企业进入榜单，下面将从总体特征、产业特征、区域特征三个视角对 190 家榜单企业进行分析。

一、总体特征

从区域分布看，“广东先锋企业百强榜”中广州市、佛山市、惠州市企业数量较多，分别为 39、15、11，珠海市、东莞市、肇庆市、中山市企业数量较少，分别为 7、5、5、5，江门市、湛江市、阳江市等

势，企业基本保持稳定发展态势，成为支撑广东省经济发展的主导力量之一，但上榜企业占比不高，说明新材料领域生态体系尚未形成，产业发展环境有待优化。

另外，新能源与节能领域的上榜企业约占 8.9%，生物与新医药领域的上榜企业约占 6.9%，高技术服务领域和资源与环境领域的上榜企业占比相近，均占 2.9% 左右，未定义技术领域的上榜企业约占 9.9%。

值得关注的是，在榜单中排名位于前 20 的企业中，电子信息领域的上榜企业数量最多，约占前 20 名企业的 30%；新能源与节能领域、先进制造与自动化领域和新材料领域在前 20 名企业中占比一致，约为 15%；高技术服务领域和未定义领域在前 20 名上榜企业中的占比约为 10%；最后，生物与医药领域在前 20 名上榜企业中占比最少，约占 5%。结合百强榜和榜单中的前 20 家企业可知，电子信息、先进制造与自动化两个领域的企业无论从企业数量还是综合分数排名上，都展现出强劲的实力和发展潜力，发挥出先锋企业在各自领域的带领驱动作用。

在“最具综合投资价值榜”的 30 家上榜企业中，排除 33% 未定义领域的上榜企业，电子信息领域上榜企业的数量仍是最多的，约占 27%；其次，生物与新医药领域、高技术服务领域、先进制造与自动化领域的上榜企业数量相近，约占 10%；最后，新能源与节能领域和资源与环境领域的占比较低，约为 7% 和 3%（见图 5）。从上榜企业的产业特征来看，“广东先锋企业百强榜”和“最具综合投资价值榜”的技术领域分布特征几乎一致，电子信息、先进制造与自动化、生物与新医药三大领域的企业展现出强硬的企业综合实力，这一特征也符合当前广东省的产业特征。广东作为制造强省，在高速发展制造业的同时，逐步完善新一代电子信息产业创新体系。在电子信息与制造业加速深度融合的大环境下，催生了 5G、大数据、云计算、物联网等新一代信息技术，电子信息产业呈现智能化、高端化、服务化等趋势，先进制造业也呈现多元化、多领域融合发展等趋势，为广东省新一代产业实现跨越式发展带来了战略机遇。

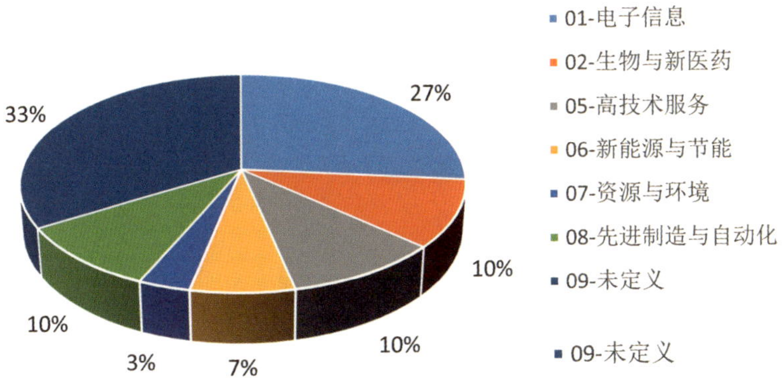

图 5 “最具综合投资价值榜”上榜企业技术领域大类分布

（二）其他特征

1. 上榜“专精特新”企业技术领域大类分布特征

“广东先锋企业百强榜”的 100 家上榜企业中，根据企业的技术领域大类划分，对比每个技术领域中企业的“专精特新”情况，整体上看，先进制造与自动化领域、电子信息领域中的“专精特新”上榜企业的数量最多，均为 13 家；新材料领域的“专精特新”上榜企业约为 6 家，新能源与节能领域的约为 5 家，未定义领域、资源与环境领域和生物与新医药领域的均为 2 家，高技术服务领域最少，仅 1 家企业上榜（见图 6）。

从图表可知，在每一个技术领域大类中，先进制造与自动化领域的国家级“专精特新”上榜企业数量最多，在该领域内占 62%，体现了制造业大省广东在制造业领域的转型升级成果显著，先进制造业战略性产业集群发展加快。在政策鼓励的大环境下，粤港澳大湾区在制造业方面的技术创新更具有活力与动力，培养出一批批生产专业、做工精细、产品独特和自主创新的企业，推动广东省的制造业向高端化、智能化、绿色化发展。

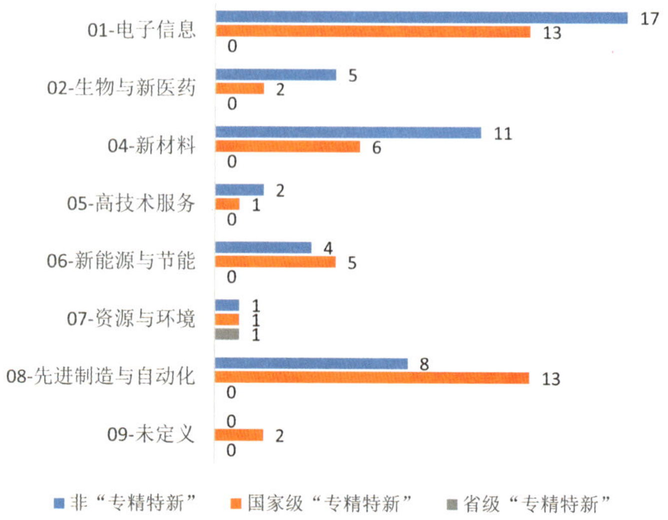

图6　“广东先锋企业百强榜”上榜企业中“专精特新”企业的领域分布（单位：家）

“最具综合投资价值榜”的30家上榜企业中，新能源与节能领域中的“专精特新”上榜企业的数量最多，约为2家；电子信息领域等四个领域的“专精特新”上榜企业约为1家；剩下的领域未出现“专精特新”企业（见图7）。

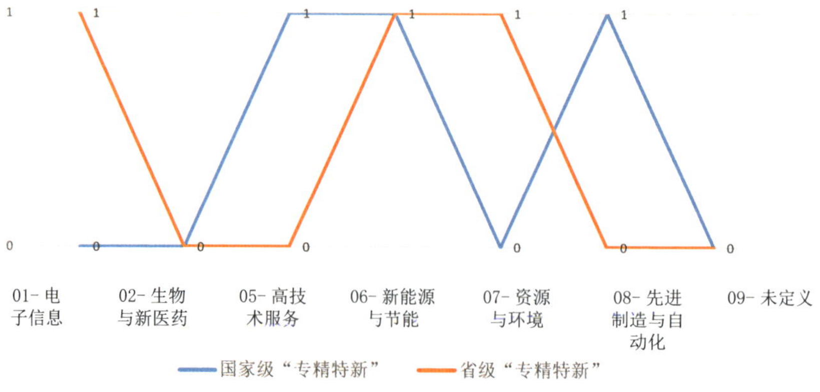

图7　“最具综合投资价值榜”上榜企业中“专精特新”企业的领域分布

2. 上榜企业在各技术领域大类的国家高新区分布特征

“广东先锋企业百强榜”的100家上榜企业中，根据企业的技术领域大类划分，对比每个技术领域中企业是否位于国家高新区——高新技术开发区，是指我国在一些知识密集、技术密集的大中城市和沿海地区建立的发展高新技术的产业开发区，高新区在转变发展方式、提升自主创新能力、优化产业结构、增强国际竞争力等方面发挥了重要作用。整体上看，电子信息领域中位于国家高新区内的上榜企业最多，为9家；新材料领域中位于国家高新区内的上榜企业约6家；新能源与节能领域和先进制造与自动化领域中的上榜企业分别为4家和3家；资源与环境领域的为2家；而生物与新医药、高技术服务和未定义领域位于国家高新区内的上榜企业最少，均为1家（见图8）。

从图表可知，剔除模糊信息，仅27%的上榜企业位于国家高新区内，65%的上榜企业并不位于国家高新区内。这说明上榜企业多凭借自身资源，开拓各自领域的市场，以过硬的综合实力进入榜单；另外也体现了广东省的国家高新区在招商引资方面有待加强，应围绕主导产业和龙头企业，优化产业链建设，吸引更多具备发展潜力的企业。

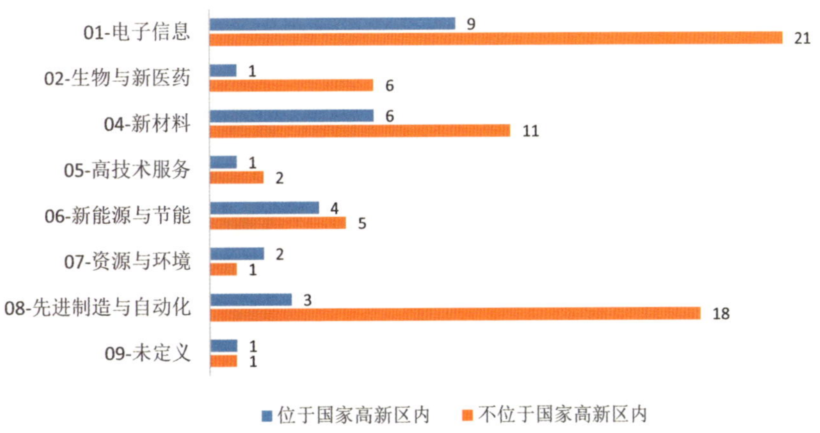

图8 “广东先锋企业百强榜”上榜企业中位于国家高新区的领域分布（单位：家）

“最具综合投资价值榜”的30家上榜企业中，电子信息领域中位于国家高新区的上榜企业数量最多，共3家；生物与新医药领域位于国家高新区的上榜企业数量也较多，共2家；新能源与节能领域和先进制造与自动化领域位于国家高新区的上榜企业数量均为1家（见图9）。

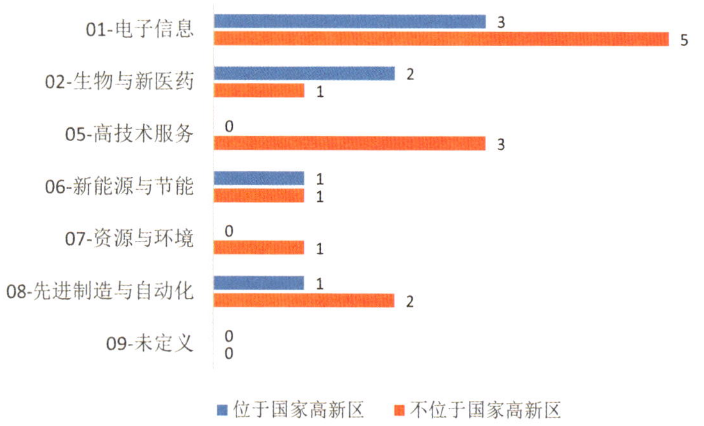

图9　“最具综合投资价值榜”上榜企业中位于国家高新区的领域分布（单位：家）

3. 上榜企业在各技术领域大类的技术等级分布特征

“广东先锋企业百强榜”的100家上榜企业中，根据企业的技术领域大类划分，对比每个技术领域中企业的技术流科创评价等级。整体来看，各领域大部分上榜企业的技术流科创评价等级集中在T1—T4四个等级。在电子信息领域，共11家上榜企业位于T1级，领域内约占37%；在先进制造与自动化领域，共11家上榜企业位于T2级，领域内约占52%；在新材料领域，位于T1—T4级的上榜企业在领域内的占比约94%；在新能源与节能领域和未定义领域，几乎全部上榜企业都位于T1—T4级（见图10）。而在“最具综合投资价值榜”的30家上榜企业中，大部分上榜企业位于T1、T2、T4和T5四个等级，各个等级之间的企业数量相差不大（见图11）。

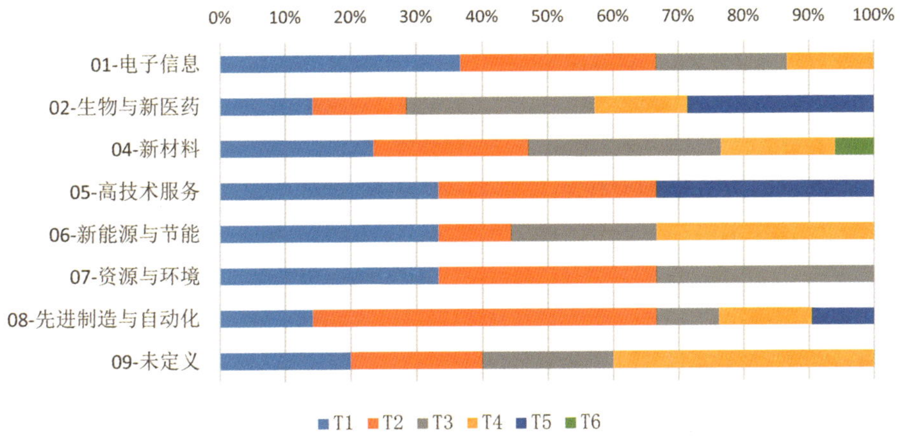

图 10 “广东先锋企业百强榜”上榜企业中技术流科创评价等级的领域分布

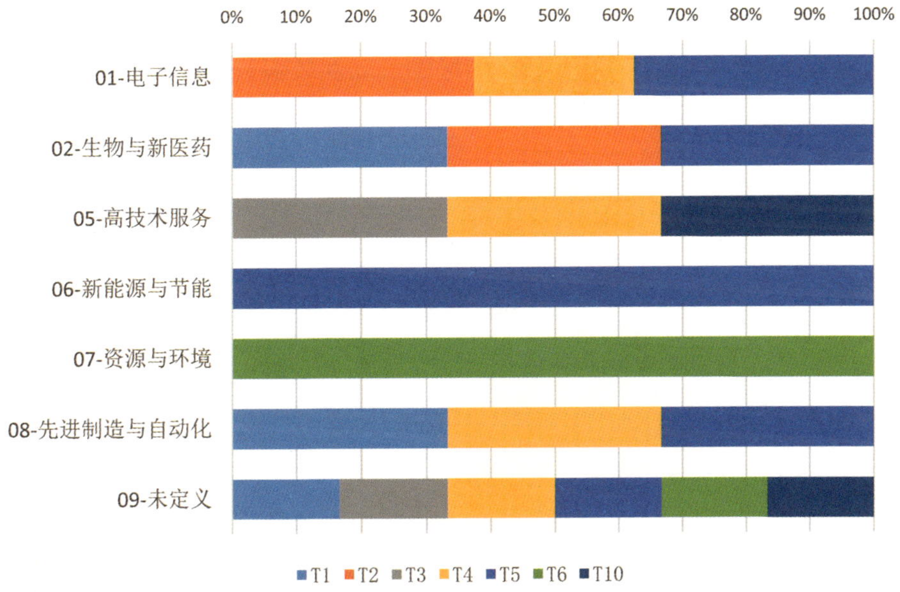

图 11 “最具综合投资价值榜”上榜企业中技术流科创评价等级的领域分布

4. 上榜上市企业的技术领域大类分布特征

“广东先锋企业百强榜”的100家上榜企业中，根据企业的技术领域大类划分，对比每个技术领域中企业的上市情况。从数量上看，电子信息领域、新材料领域和先进制造与自动化领域的上市公司较多，分别为19家、13家和9家；从领域内上市公司比例上看，高技术服务领域、新材料领域和生物与新医药领域的上市公司在领域内占比最高，分别为100%、76%和71%（见图12）。相对而言，“最具综合投资价值榜”上榜企业中上市公司数量较少，共3家上市公司分别属于电子信息领域、先进制造与自动化领域、未定义领域（见图13）。一个行业的上市公司状况，直接反映行业的资本活力，更为根本地说，它可以反映这个行业的创新能力和竞争力。从图表可以反映出，广东省内的电子信息领域、新材料领域和高新技术服务领域等的金融市场较发达，一级市场的金融工具和融资渠道较多，二级交易市场的流动性较强，体现出行业具有较强的竞争活力。

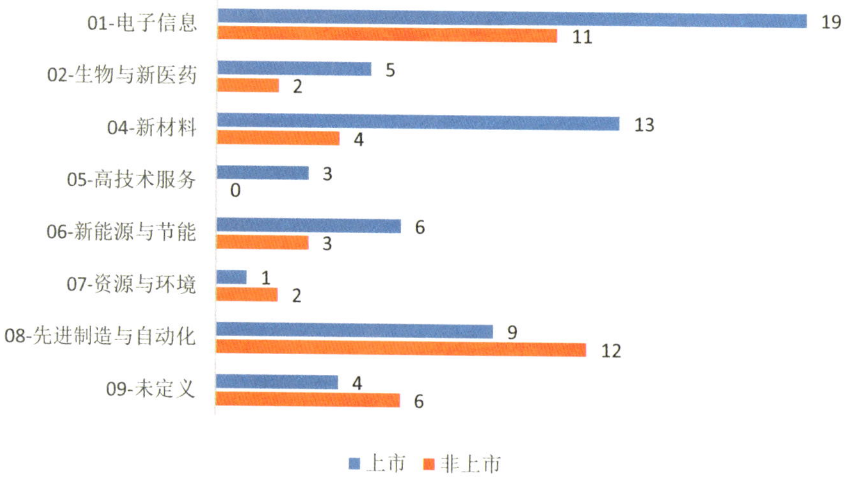

图12 “广东先锋企业百强榜”上榜企业中上市企业的领域分布（单位：家）

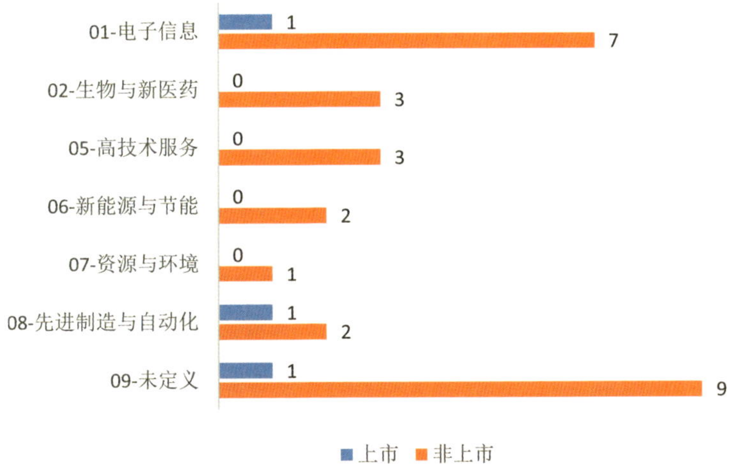

图 13 “最具综合投资价值榜”上榜企业中上市企业的领域分布（单位：家）

三、区域特征

（一）上榜企业区域分布特征

从区域上看，本次上榜的先锋企业大多集中在珠三角地区，来自广州、佛山、惠州、珠海、东莞、中山等市的占比均大于5%，其中来自广州的占比最高，达39%（见图14），这也体现了广州市作为全省经济中心的重要地位。佛山、惠州、珠海等地上榜的先锋企业比例接近，受粤港澳大湾区辐射带动，为这些城市的高新企业培育提供重要推力。结合最具综合投资价值榜单，其分布与先锋榜单分布大致相似，具有更明显的集中性，30家企业中超过半数位于广州，其次分布于佛山、惠州，少量分布于东莞、中山（见图15）。可见粤港澳大湾区一带聚集了大量优质企业，相比于其他地区对于企业的政策吸引和发展助推作用更为显著。

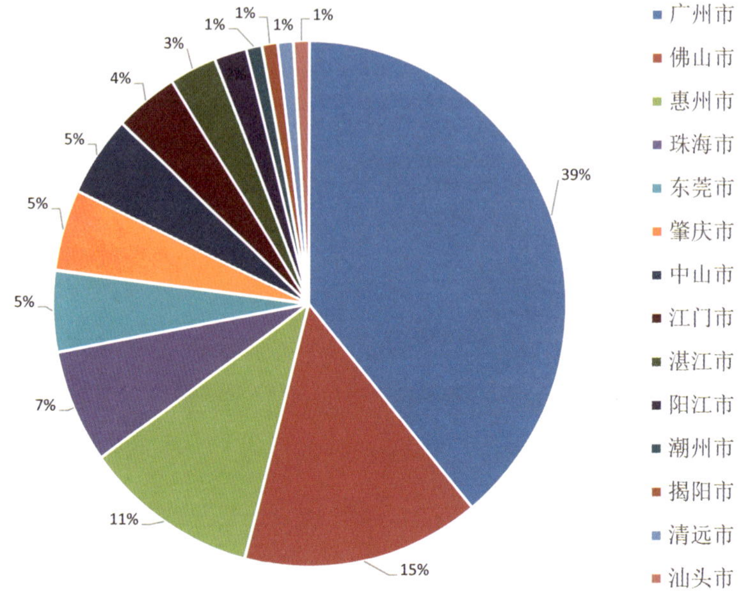

图14　区域先锋企业分布

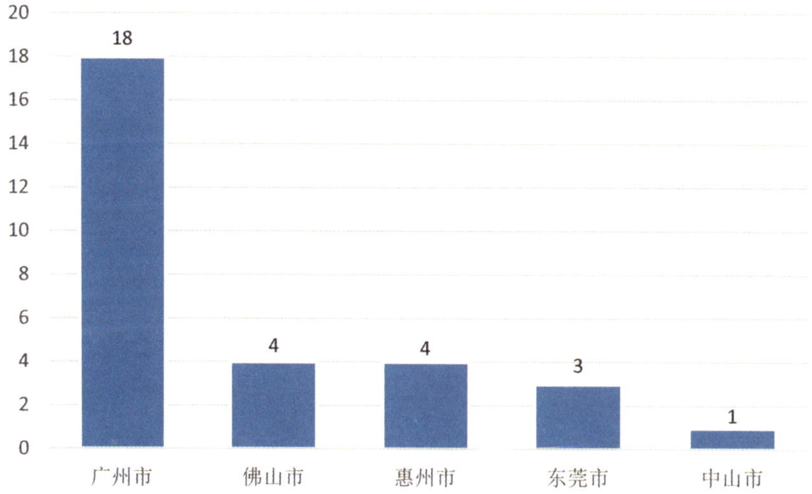

图15　最具价值投资企业区域分布（单位：家）

结合产业分布来看，各城市显现出不同的特点。广州市的上榜企业产业分布最为广泛，除了航空航天产业，其他行业均有企业上榜。电子信息产业作为广东省的战略性支柱产业，产值连续 31 年居全国第一，超过一半的城市上榜企业中都有电子信息产业企业的出现。得益于旺盛的市场需求、多样的优惠政策和高水平的研究机构，广东省新材料产业的发展水平位居全国前列，新材料产业上榜企业广泛分布于除阳江以外的多个城市，潮州市、揭阳市、清远市、汕头市分别有且仅有一家企业上榜，均属于新材料产业。广州市、佛山市的企业中从事先进制造与自动化和电子信息行业的较多，数据上十分显眼，这也体现了广佛一体共同发展的规划有所成效。另外，上榜企业中，仅有广州市和佛山市有两家资源与环境产业的企业，没有航空航天产业的企业，可见广东省航空航天产业和资源与环境产业的发展相对其他产业而言较薄弱（见图 16）。

（二）上榜“专精特新”企业区域分布特征

在上榜的先锋企业中，有 29% 为“专精特新”企业，大部分是国家级“专精特新”企业（见图 17）。从区域上看，来自广州市的“专精特新”先锋企业最多，达 11 家；佛山市有 5—6 家“专精特新”企业上榜，珠海、惠州、江门、中山也有 2—3 家“专精特新”企业，湛江市有 1 家，潮州市、汕头市、湛江市的上榜企业中无“专精特新”企业（见图 18）。广州、佛山、珠海、惠州等城市都提出大力扶持“专精特新”中小企业，出台多项扶持和优惠政策，近年来为促进“专精特新”企业发展提供了强大的推力和良好的政策保障，相对于其他城市的“专精特新”企业获得了更快速的发展。

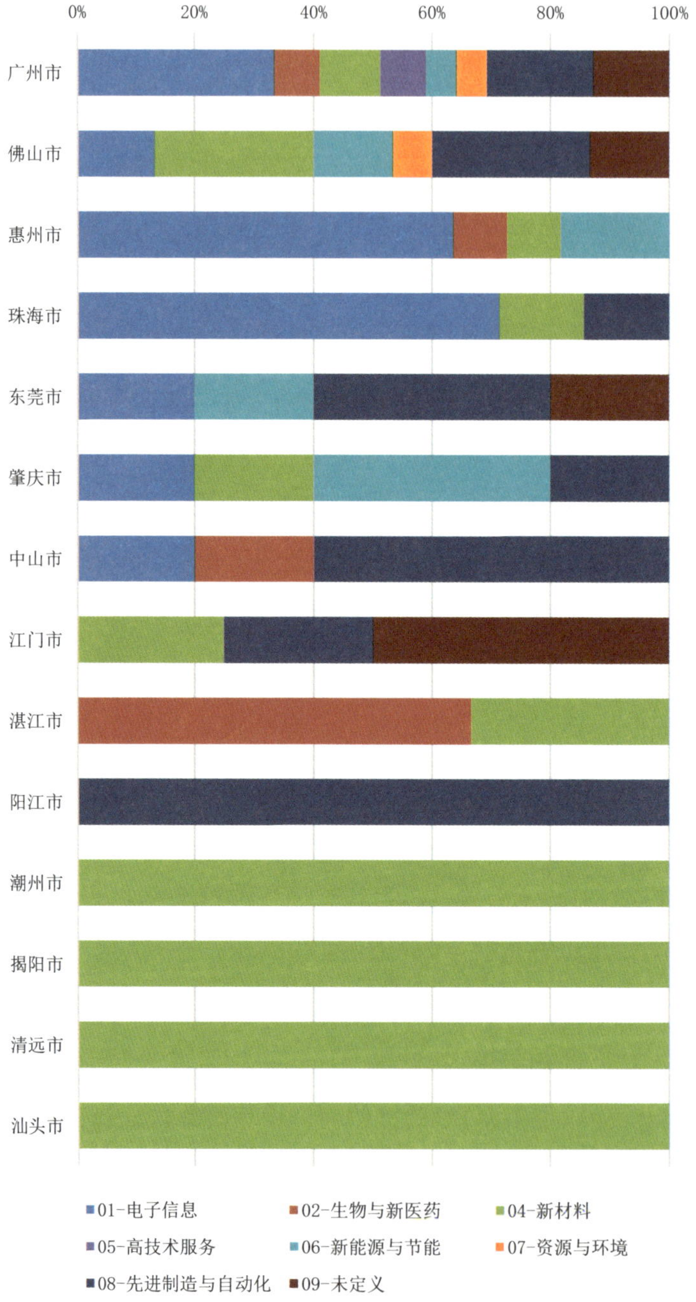

图16 区域上榜先锋企业产业分布

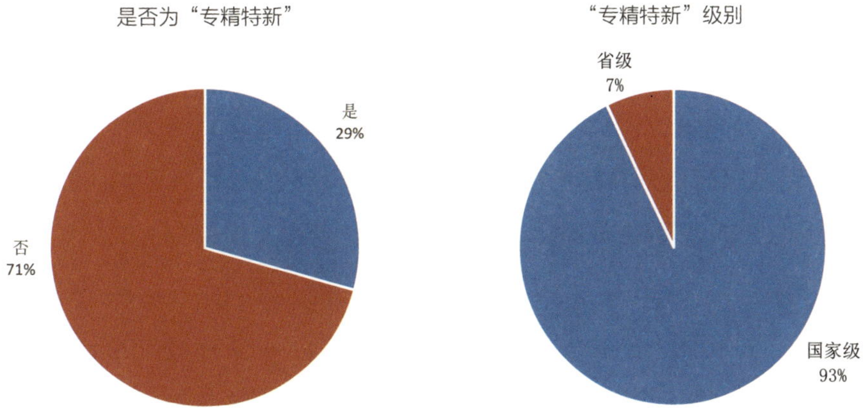

图 17 上榜“专精特新”企业占比

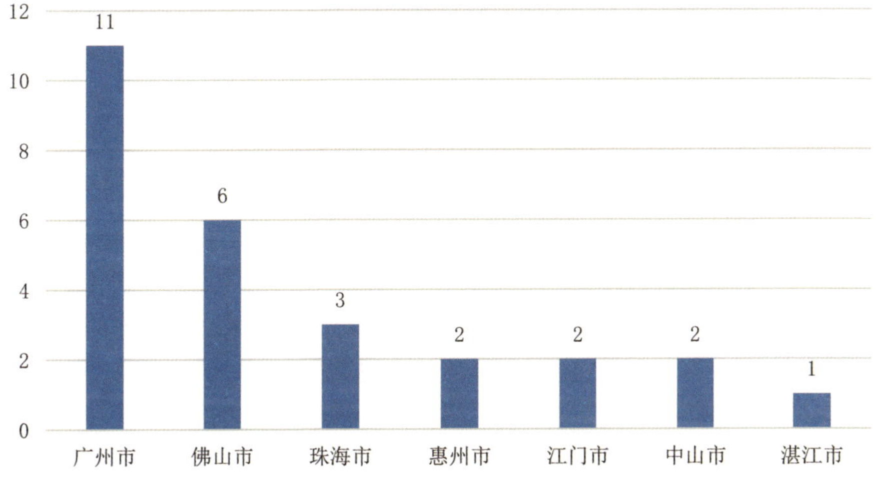

图 18 上榜“专精特新”企业数量（单位：家）

（三）上榜企业区域技术等级分布特征

技术流科创评价体系综合了多维度的企业科创能力，从技术等级分布上看，上榜企业的技术流科创评价等级都在 T1—T5 之间。广州市、佛山市、惠州市的上榜企业等级涵盖较为丰富，其中广州市的上榜企业包括了 T1 到 T5 每个等级，其中 T1、T2 合计占比超过 50%，佛山、惠州、珠海也有大量的 T1、T2 等级的企业上榜，这些企业拥有比较强大的综合科创能力。而湛江、潮州、揭阳、清远、汕头等城市的上榜企业的技术流科创评级更为单一，且相对于广州市等城市上榜的企业而言更低，主要是 T3、T4、T5 中的某一级，但考虑到地理位置和城市本身经济与科研实力，这些企业自身的软硬实力不容小觑（见图 19）。

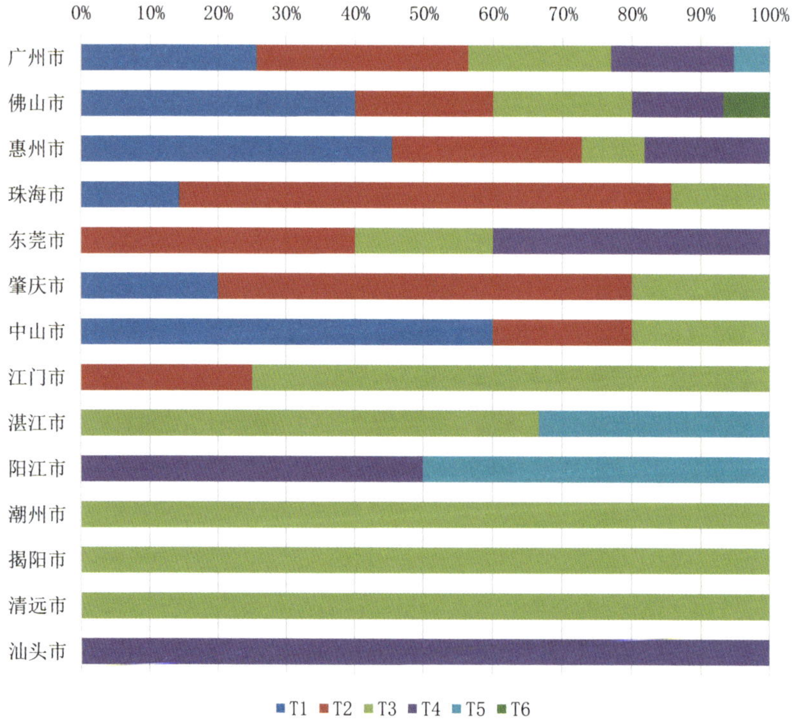

图 19　上榜企业区域技术等级分布

（四）上榜上市企业区域分布特征

在上榜企业中，有 60 家为上市企业，其中 30 家位于广州市，佛山市、惠州市分别有 9 家和 7 家上市企业，湛江市、珠海市有 3 家，其他城市的上市企业数较少，仅为 1—2 家（见图 20）。广州是粤港澳大湾区的核心城市之一，本身区位优势明显，经济实力显著。惠州地处珠江三角洲东岸，西南与深圳、东莞相接，西北与广州市相连，是深圳都市圈城市之一、珠三角中心城市之一、粤港澳大湾区重要节点城市，在粤港澳大湾区中的区位优势明显，地处惠州市的企业也因此获得了发展上的强大助力。

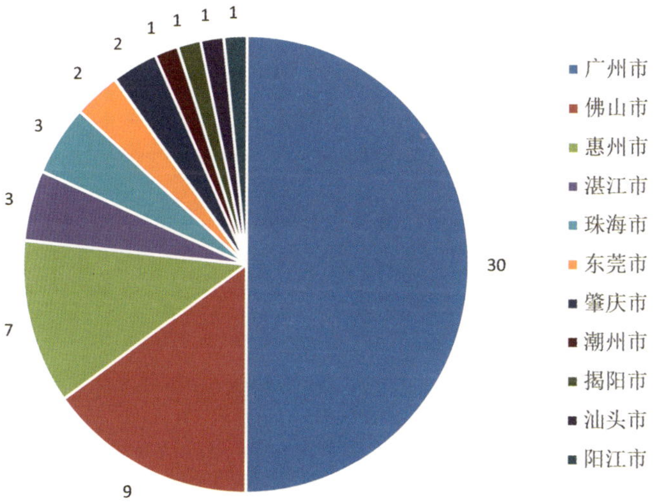

图 20　上榜上市企业区域分布（单位：家）

通过上述分析，可以看到，上榜的企业集中分布于广州、惠州、佛山、东莞、珠海、中山等粤港澳大湾区重要节点城市，这些城市的企业无论是体量规模、科创实力、专业化、精细化、特色化、新颖化程度方面都表现得更为“先锋”。广州市无论在技术先进性、产业多元性上都位于首位，体现出其作为省会城市、广东省经济科技中心的核心地位，并有力带动了周边佛莞惠等城市的发展。惠州、佛山、东莞等城市，拥有不少具有科研经济实力的先锋企业，拥有巨大的发展潜力。而潮州、汕头、揭阳等地上榜企业较少，潮汕地区相比较而言发展相对缓慢。

贰

建言篇

第一章　“广东制造业当家”专家访谈

第二章　创新高端访谈

性价比更高，更有竞争力。这个例子告诉我们，传统的劳动密集型工业、资本密集型工业与高技术工业都是工业体系和实体经济的组成部分。只有在完备的产业基础之上，新的技术系统如5G、新能源汽车、智能家电、智能制造等才能真正发展起来，产生出经济价值。通过新技术的突破、新技术与现有工业的融合，广东非常有希望在新的产业系统发展上领跑，并且在人类工业史上探索出一个新的模式。

在开放的系统中自主创新

南方日报：身处改革开放前沿，广东应如何利用好开放优势，推进技术突破和产业升级？

路风：中国技术突破和产业升级，越来越取决于系统层次上的自主创新的引领作用。仔细研究可以发现，广东各地真正能做到有影响力的企业，都是靠自主创新，靠自主品牌建设。自主创新是开放的系统，不是封闭的。自主指的是能力，即工业能力。但世界上所有的创新都是和已有的知识有关系的，所以我们也需要开放、吸收。

这和过去依赖技术引进不同。从20世纪80年代中期开始，中国形成了依靠“引进来”实现工业技术进步的路径，它可以由一个三段式的逻辑来概括：引进外国先进技术—实现国产化—达到自主开发水平。但此后中国工业发展的实践证明，如果放弃自主开发，就没有任何工业和企业能够走到“自主开发”的阶段。

日韩两国的经验也足以证明这点。二战后，日韩在技术发展上有两个特点：一是最初的技术几乎全部依靠引进，二是长期阻止外国对本国工业直接投资。一方面在学习外国技术的基础上进行自主的产品和工艺开发；另一方面也防止外资控制尚且弱小的本土企业，从而避免本国的技术学习过程被外资控制。

这个事实说明了一个基本道理：技术只能自己干。因此，我们需要一个开放的系统，但还得看自己是否在技术研发中付出了学习的努力。广东更要发挥好产业基础优势和对外开放的优势，通过自主创新实现技术突破和产业升级。

南方日报：广东在接下来的全球产业竞争中如何突围？

路风：中国有十几亿人的市场，而且传统产业正在和新技术结合起来，这是中国一个很大的优势。对于经济大省广东来说，尤其如此。

事实上，美国等发达国家并不是不想要这些传统产业，而是因为种种原因没有留住或恢复这些工业的能力。美国从 20 世纪七八十年代就开始非常明显地去工业化，形成所谓的“铁锈地带”。美国今天还很想把这些产业再拉回去，但难度可能不会亚于再一次工业化。

工业是一种能力，这种能力是延续性的，中间有很多积攒在人脑中和肌肉记忆中的经验和诀窍，只有通过实干才能产生记忆和传承，这些都是失去后很难再找回来的。广东拥有完备的生产体系，更要留住这些产业能力。

第四次产业革命的核心内容是智能制造，其中的关键词仍是“制造”。要想在这场革命中占得先机，就必须推动制造业高质量发展。工业存量是培育新动能的土壤，液晶显示、光纤、半导体晶体管等新的工业技术都诞生于传统企业，这些传统企业既是创新型企业的技术来源，也为创新型企业提供了应用市场，产业升级的规律不变，新技术、新企业只能在已有知识和经验的基础上去进行创新。

接下来，广东要集中力量突破产业短板，尤其要营造良好的氛围，支持企业突破瓶颈。让优势更强，同时补齐短板。利用信息技术等优势产业推动传统产业升级，在新兴产业发展中取得引领优势。

中制智库理事长新望：
以“专精特新”补强广东制造大产业

中制智库理事长新望

“制造业当家的提法正当其时，也是探索中国式现代化广东路径的重要内容之一。”中制智库理事长新望认为，广东发展环境的最大特征是开放，一定要把这一优势牢牢抓住，并且稳步扩大高水平、制度型开放。

广东省委十三届二次全会提出“要突出制造业当家，高水平谋划推进现代化产业体系建设”。新望建议，实现制造业当家需要处理好“大”和“小”的辩证关系。支柱产业要对标国际，特别是龙头企业要努力嵌入全球的产业链、创新链中，带动上下游企业，立志跻身世界级的产业集群。同时要支持、引导中小企业走“专精特新”发展之路，成为各自领域的全球单项冠军、隐形冠军，最终补强广东制造的大产业。

把对外开放的优势牢牢抓在手里

南方日报：如何看待广东提出制造业当家？

新望："制造业当家”这一提法很好，也正当时，是一个新的定位和目标，也是探索中国式现代化广东路径的重要内容。我认为可以从三个方面来认识。

首先，按照此前国家有关规划，到2025年我们要迈入制造强国行列，到 2035 年整体达到世界制造强国阵营中等水平。当前，我们的制造业规模较大，但质量、结构和可持续发展能力仍相对较弱。未来，实现制造业由大到强，依然任重道远，丝毫不能松劲。

其次，国家“十四五”规划提出“保持制造业比重基本稳定，增强制造业竞争优势”，这是一个转折性的提法，是对近年来制造业比重下降过快的调整，广东对此也要有足够的警醒。

最后，党的二十大报告提出要“建设中国式现代化”，而实现经济体系特别是产业体系的现代化是前提和基础。实体经济是整个产业体系的着力点，其中占比最大的是工业，而工业中最重要的又是制造业。所以我认为广东提出“制造业当家”的定位，也是深入贯彻党的二十大精神的具体体现。

南方日报：广东省委十三届二次全会特别提出要“坚持抓大产业、大平台、大项目、大企业、大环境”，您认为应营造怎样的“大环境”以促进制造业发展？

新望：广东发展环境最大的优势就是开放。广东一直是中国改革开放的前沿，要继续闯在前面，坚持高水平开放、制度型开放。

当前，我国扩大开放在国际形势上面临很多不利因素，尤其是高端制造业发展面临西方国家的打压。但越是在这种情况下，广东越要做好对外开放，把对外开放这一优势牢牢抓在手里。

拳击中有一种战术就是通过近身贴靠实现“破坏距离”，让对手不好出拳。在经济中也是这样，彼此之间的经济联系越紧密，对方越不好出手。

南方日报：在当前的外部环境下，如何保障产业链、供应链安全？

新望：当前，出现了某种程度的逆全球化进程，全球产业链、供应链出现重构的趋势，不管是普通制造还是高端制造都面临着产业链、供应链安全性的风险。

逆全球化带给中国最大的问题是中国制造业在 21 世纪前十年那种高

歌猛进的发展态势难以维系。之前的全球供应链、产业链布局都讲效率性，哪里要素便宜、哪里生产效率高，产业链就往哪里布局，资本就往哪里去。但现在是哪里更安全、哪里更自主可控就去哪里。我们必须看到全球产业布局从离岸化向在岸化、友岸化转变。

不过也应该有信心，产业韧性本来就是我国独特的优势。第一，中国制造业的特点是全链制造，我们是拥有联合国工业发展组织全部工业分类 41 个大类、191 个中类、525 个小类全产业覆盖的国家，有独立完整的工业体系，这是最大的韧性。第二，拥有强大的产能，尤其是以中小民营制造业企业为主的阵营，有非常顽强的生命力、竞争力。第三，有超大的内需市场。第四，有国家层面的产业协调能力，产业政策的有效性、效率性非常好。

和全球创新链牢牢绑在一起

南方日报：目前，广东已有 7 个万亿级战略性支柱产业集群，接下来应如何更好发展？

新望：广东制造业的一大特点是产业集群发展，并且兼具外向性和内生性。和外界有着紧密的联系，产业集群内部又有着很强的协同能力。

广东支柱产业集群发展的下一步，要进一步对标国际，要在全球的制造业产业集群中找差距、找标的，早日跻身世界级的产业集群。未来国家间制造业的竞争就是产业集群之间的竞争，是大型跨国企业的竞争和“专精特新”企业的竞争。

产业集群发展对内还要吸收更多企业，形成良好的产业链生态，产业内部的协会、组织等要发挥纽带作用，还要配套第三方服务，发挥出产业集群间、产业内部供应链上的协同创新能力。

对外也一定要提升开放度，各个产业要有供需对接平台、对外联系通道，要嵌入到全球的产业链中，使自己尽早走向全球产业链的中高端。

同时，非常重要的是要和全球创新链衔接，牢牢绑在一起，特别是在高端制造业领域。要发挥各个产业集群中非政府的民间机构活力，想方设法拥抱全球创新链。

南方日报：您提到制造业的竞争也是“专精特新”企业的竞争，为什么？

新望：广东制造业发展要处理好“大”和“小”的辩证关系。广东经济的一大特点是大、中、小企业的发展布局比较协调、均衡，构筑起了良好的产业生态。要想让中小企业更好更快地发展起来，就要鼓励、引导其走“专精特新”发展之路。

过去制造业发展更多是走低成本战略，利用人口、土地、原料等低成本的比较优势，但现在低成本的大环境已不存在。这时候就有两大战略：专业化战略和差异化战略，专业化就是“专精”，差异化就是“特新”。

这其中“专”是关键，“新”是灵魂。“专”的内涵包括产品要专用、市场要专业、企业要专注，企业家要成为专家；“新”就是创新，包括创新产品、创新技术、创新战略、创新精神。

我们的制造业大而不强，就是因为产业基础不够牢靠。传统工业化的路子是先离散制造，再连续制造，最后集成制造。而我们的制造业发展相反，是先引进整装厂，这造成关键设备、零部件等容易被“卡脖子”。在这种情况下必须进行产业基础再造，通过专业化分工协作，建立市场协作体系。集成制造要发展和稳定一批产业链上的龙头企业，基础制造要培育并依靠细分领域的隐形冠军。

“专精特新”既是补短板的需求，也是锻长板、固底板的需要。我们要有长板产品、企业、产业，有杀手锏就有了合作博弈的条件，在未来的国际竞争中才可能占据主动权，锻造长板就要靠“专精特新”。广东尤其要重视中小企业和民营企业，提供更多普惠性、功能性政策，支持中小企业做到各自领域的全球单项冠军、隐形冠军，最终补强广东制造业的大产业。

广东省政府参事王珺：
协同发展的活力源头是创新和开放

广东省政府参事王珺

“当更多制造业环节分布到各地，围绕产业链上下游互动，对地区发展的联动效应也会显现出来。”广东省委十三届二次全会强调，要突出制造业当家，高水平谋划推进现代化产业体系建设。广东省政府参事、省社科院研究员王珺在接受南方日报记者专访时认为，当下正推动制造业产业转型升级的珠三角地区，可与发展空间相对广阔的粤东粤西粤北地区有机抱团，形成互利共赢的局面。

“粤东粤西粤北地区如果用好资源、空间等禀赋优势，极有可能在产业发展中抢抓后发优势，甚至在一些优势领域与相对发达地区站在同一起跑线。”王珺建议，广东各地应以积极优化营商环境作为突破口，进一步便利企业以及生产要素的跨地区流动，持续深化产业链数字化改造，通过更多的企业“上云用云”和信息互联、服务共享，进而增强产业链协同联动效应。

粤东粤西粤北可从优化营商环境着手突破

南方日报：我们关注到，近年来，广东流入粤东粤西粤北地区的产业项目进一步增多，区域协调发展进程也不断提速。您认为主要有哪些因素发挥了作用？

王珺：首先，全域基础设施建设全面展开，大幅度压缩了省内不同区域的空间距离。全域 3 小时经济圈的形成极大地密切了人员、货物往来，创造了路通财通的实现条件。

其次，珠三角地区与粤东粤西粤北地区城市间的对口帮扶与合作，以引导珠三角产业有序转移为重点，通过政府引导，促使企业和资源有序流动。

第三，产业链不同环节的跨地区配置形成联动效应。一个产业链由众多企业构成，每个企业分布在具有地方优势的不同地区，通过产业链上下游交易，把分布在不同地区的企业联系起来，从而形成联动效应。

南方日报：珠三角地区和粤东粤西粤北地区在制造业协同发展方面有哪些机遇？

王珺：一方面，以实体经济为未来经济发展的着力点，通过完善国内统一大市场和构建新发展格局的发展战略提供了明确而广阔的市场机遇。党的二十大报告明确指出，坚持把发展经济的着力点放在实体经济上，推进新型工业化。2022 年 4 月，《中共中央　国务院关于加快建设全国统一大市场的意见》发布，这也明确了下一步的发展方向，提高了我国经济发展战略与政策的可预期性。全国统一大市场的加快建设，将有助于进一步消除地方壁垒，降低企业跨地区配置资源的交易成本，为增强产业规模优势、提高市场分工效率创造了发展机遇。

近年来，广东不断推进区域协调发展，发挥有效市场和有为政府相结合的优势，持续在加大财政支持、深化对口帮扶、优化产业布局、增大技能培训和发展特色产业等方面发力，形成了制造业协同发展的丰富机遇。许多工业园区经济规模在当地经济中地位不断提升，充分反映了这些举措的效果。

另一方面，企业相互之间互补合作、互利共赢，形成有机的抱团发展，这比单个企业具有更强的抗风险能力。具体来说，珠三角地区经济密度与人口密度比较高，土地成本也较高，原有制造业的发展空间有限，需要向高附加值产业或产业链中高端发展。目前，珠三角地区仍然处于产业的转型升级阶段。与此同时，粤东粤西粤北地区具有后发优势，二者互补发展可以形成双赢格局。

南方日报：粤东粤西粤北地区要如何利用好这些机遇？

王珺：差距就是潜力，也就是机遇。能否抓住机遇，本身就是一种挑战。当前，各区域之间从产业间分工向产业内分工深化，促进了产业链上下游环节生产标准在跨地区布局中的一致性，进一步增强了地区之间企业与要素流动的双向性和联动性。显然，地区间产业内分工会带来更多的互动，也提出了更高的要求。

粤东粤西粤北地区要在与相对发达地区的紧密联系与互动中，更具忧患意识和机遇意识。要抓住机遇，就需要做好准备，先从优化营商环境做起，然后加大力度提高当地技术素质与能力，加强与珠三角地区、国内其他地区的互动。当然，短期内全面提升、追赶发达地区的技术能力与素质，这并不现实，需要寻找突破口，而优化营商环境就是突破口。

加快推进营商环境一体化进程，这是全面建设全国统一大市场的客观要求，也是新时期广东争创发展新优势的重要领域。无论是在珠三角地区或是粤东粤西粤北地区，企业注册与注销规则、要素进入与退出流程、产权定价与交易程序等都应该是一样的，让企业在省内不同城市享受到相同的办事规则，更有利于企业以及生产要素的跨地区流动，将广州、深圳等地改善营商环境的好经验和好做法尽快向全省其他城市推广。

让更多企业“上云用云” 增强产业链协同联动

南方日报：粤东粤西粤北地区在哪些领域能够与珠三角地区实现同水平共建？

王珺：一是发挥粤东粤西粤北地区在农业、生态资源等方面的自然禀赋优势，面向较高收入的消费市场需求，提供高质量的半成品、农副产品，如预制菜等。用高标准生产体系进行加工生产、物流运输和销售服务，由此带动生产标准与质量提升。产业领域不一样，但是，生产标准不降低。这是粤东粤西粤北地区可以和珠三角地区处在同一起跑线上的一个重要领域。

二是产业内不同环节之间形成统一的标准体系，也是同水平共建的重要内容。虽然产业链上不同环节是跨地区分布，但只要是产业链的一个部分，就要按照统一的生产质量标准进行生产，而不是因为生产环节在偏僻地区就降低其质量标准。

三是粤东粤西粤北地区可以对一些用地较多、空间要求较大的清洁能源、生态环保等绿色发展项目进行高起点、高水平建设，这就可能与珠三角地区处在同一起跑线上。当然，要高标准建设好这些新项目，需要打破本土的技术与能力限制，以有效的制度安排用好全国乃至全球的知识与智力资源。

南方日报：推动制造业的区域协同发展，可从哪些举措入手？

王珺：各地还要持续深化产业链数字化改造。协同发展需要搭建数字技术应用平台，缺少这个平台，统一、开放的生产质量标准体系就不容易实施，因此，数字赋能是“强链”建设的重要内容。广东可以继续推进产业链数字技术应用，进一步发挥“链主”企业在数字经济与实体经济深度融合中的主导作用，更好发挥标杆企业的示范效应，引导和激励更多中小企业主动推进数字化改造，让更多企业“上云用云”，实现信息互联、服务共享，进而增强产业链协同联动效应。

此外，不断强化创新与开放在协同发展中的作用。协同发展要保持活力，活力的源头来自创新和开放。要加大创新力度，使新技术、新业态和新模式不断涌现。通过产业链不同环节的跨地区配置进一步强化协同发展机制，增强产业链联动效应。同时，适应加快建设全国统一大市场的发展需要，引导各地营商环境从强调差异化竞争向一体化建设转变，加强各地市间的经验交流和借鉴，协同推进高水平开放体制建设。

工信部电子五所副所长王勇：

制造业整体质量提升，产业链才能安全稳定

■ 工信部电子五所副所长王勇

“全省上下应该进一步树立‘发展经济就要大抓制造业’的决心，着力牵好战略性产业集群培育和工业投资的‘牛鼻子’，重点围绕抓供给、抓基础、抓仪器仪表三方面，促进产业链供应链安全稳定，重塑广东制造业竞争新优势。”工信部电子五所副所长、广东省制造强省建设专家咨询委特邀专家王勇接受南方日报记者专访时表示。

广东省委十三届二次全会提出，突出制造业当家，高水平谋划推进现代化产业体系建设。王勇表示，广东要以战略性产业集群培育为抓手，深挖产业发展潜力，补产业结构短板。推动传统支柱产业优存量、调结构，重点提升新兴产业的发展能级，前瞻谋划未来产业，构建起各产业集群高质量发展的四梁八柱。

牵好产业集群培育和工业投资“牛鼻子”

南方日报：广东一直是全国制造业第一大省。但近年来，其他沿海经济强省也在加快赶上。广东制造应如何保持并增强竞争优势？

王勇：“十四五”期间，广东应引导全省上下进一步树立“发展经济就要大抓制造业”的决心，瞄准广东省制造业发展问题及短板，积极吸

收借鉴沿江沿海兄弟省市的先进做法及实践经验，着力牵好战略性产业集群培育和工业投资的“牛鼻子”，加强资源要素供给保障和区域产业协调发展，重塑广东制造业竞争优势，加快建设制造强省。

一是建议以战略性产业集群培育为抓手，深挖产业发展潜力，补产业结构短板。推动传统支柱产业优存量、调结构，加快推动新一代电子信息、绿色石化、汽车、智能家电等传统优势产业优化升级，重点提升生物医药、半导体及集成电路、高端装备制造、智能机器人、新能源等新兴产业的发展能级，打造在全国领先的新的优势主导产业。前瞻谋划未来电子信息、未来装备、未来能源、未来生物医药、未来材料等未来产业。同时，要围绕战略性产业集群，加强维护产业链供应链安全稳定，强化关键核心技术攻关和重点产业链补短板，培育打造一批具有国际竞争力的世界一流企业，构建起各产业集群高质量发展的四梁八柱。

二是建议加大稳投资促消费力度，推动工业经济平稳增长，补制造业投资短板。积极扩大制造业有效投资，进一步利用外资和激发民间有效投资活力，招大引强一批“牵一发而动全身”的标志性引领性重大制造业项目，做好强链补链畅链护链的文章，引领带动工业平稳增长。创新优化全省上下一体的产业招商引资体制机制，推进实施产业链“集群式”工程。

三是建议推动区域产业协调发展，加快培育全省工业发展新增长极，补区域协调发展短板。提升珠三角发展能级及辐射带动作用，强化与香港、澳门合作，推动珠江东岸电子信息产业带、珠江西岸先进装备制造产业带建设提速增效，打造成为世界领先的先进制造业发展基地。深挖粤东粤西粤北地区制造业发展潜力，加大对粤东粤西粤北的政策倾斜力度，实行分地域差异化产业政策。

抓供给 抓基础 抓高精尖仪器仪表产业发展

南方日报：面对中美贸易摩擦、全球芯片短缺等复杂外部情况，广东应如何确保制造业产业链供应链安全？

王勇：产业链供应链安全问题涉及的面很广，但我认为关键是要推动制造业重点行业整体质量提升，具体需要落到制造业企业、制造业产品的质量提升上。我建议，重点围绕抓供给、抓基础、抓仪器仪表三方面，做好推动全省制造业质量提升、促进产业链供应链安全稳定这篇大文章。

一是以重点产业“链主”企业和整机企业为重点，自下游向上游、抓供给质量提升。目前，广东省内华为、美的、比亚迪等整机企业、“链主”企业均已构建完善的、领先全国乃至全球的供应链体系，企业整体对其供应链上中游供应商的质量标准要求把控能力很强。建议重点引导位于产业链下游的“链主”企业、整机企业对标世界一流标准，强化全产业链供应链体系的质量标准建设，带动全产业链上中下游企业产品的整体质量水平提升。

二是以重点产业基础能力提升为重点，自上而下，推动上游关键材料、元器件、零部件企业的质量提升。结合全生命周期质量管理实践，制造业最终生产出来的高质量产品，需要从源头抓起。建议深入贯彻落实国家产业基础再造工程的部署要求，支持广东省内关键原材料、关键零配件等企业产品研发制造。考虑到重点产业链上游开展相关研发制造业务的以中小企业为主，有投入高、风险高、企业自有资金相对薄弱等特征，需要进一步提升质量技术基础相关的公共服务能力。

三是支持发展高精尖的测量仪器仪表产业。工欲善其事，必先利其器。打造世界领先水平的制造业产品，更需要依靠高精尖的测量仪器仪表产业提供硬件支撑。然而，目前国内制造产品质量检测所需的中高端精密仪器仪表设备主要依赖进口，测量用的仪器仪表制造发展严重滞后。建议加大力度支持作为全省十大战略性新兴产业集群之一的“精密仪器设备”产业发展，以测量用中高端仪器仪表为重点，进一步强化行业质量技术基础的硬件支撑。

以更大力度推动传统优势产业数字化转型

南方日报：2020年起，广东培育起20个战略性产业集群。接下来，广东应如何带动产业集群的数字化，从而推动产业链上下游协同发展？

王勇：广东已聚焦20个战略性产业集群和各地特色产业集群，深入开展产业集群数字化转型试点工作，取得了较好成效。我仅作两点补充建议。

一是建议以更大力度推动传统优势产业细分领域数字化转型。当前，广东七大万亿级产业集群诸如智能家电、现代轻工纺织、现代农业与食品等均属于体量规模庞大、产业发展阶段相对成熟、继续转型升级的传统优势产业。应更大力度推动以家电、皮具、陶瓷、家具、食品饮料等传统优势细分领域的数字化转型。这既是广东短期内实现工业经济平稳快速发展的重要手段，又是成为制造强省、构建现代化产业体系的必经路径。

具体而言，就是要按“一群一策”开展集群数字化转型，遴选产业特色突出的专业园区集中开展数字化转型，鼓励集群内龙头企业或工业互联网企业扩大投资，产业链上下游协同推进产业集群的数字化转型。

二是充分发挥粤港澳大湾区科教资源优势，夯实数字化人才和技术基础。科研院所及高端人才的畅通聚集是粤港澳大湾区保持未来发展优势的重要保障之一。我们看到，香港大学、香港科技大学、香港中文大学等一批知名高校在深圳、广州等地已经建有分校，电子五所在香港也设有分支机构。这些跨区域科研院所要率先发挥好跨区域技术研发与服务的优势，推动人才和技术的跨区域流动，引导高端智力资源支撑制造业数字化转型发展。

第二章　产业创新高端访谈

全球创新中心总干事赵刚：

发挥企业创新优势，催动新产品从“场景”到市场

全球创新中心总干事赵刚

2022年11月1日，著名科学家颜宁宣布，即将辞去普林斯顿大学教职，加盟深圳医学科学院，再次引发对广东创新环境的关注。

近年来，广东的创新软硬环境持续提升，2021年全省研发经费支出超3800亿元，占GDP比重3.14%，国家高新技术企业超6万家。

全球创新中心总干事、中国社会经济系统分析研究会副理事长赵刚认为，广东创新发展的突出表现得益于三个方面：一是充分发挥企业作为创新主体的积极作用，二是在对外开放上走在全国前列，三是大力推动科技创新成果转化。

应探索更灵活的创新机制

南方日报：近年来，广东积极推进创新驱动发展战略，区域创新综合能力连续五年位居全国第一。您如何评价广东在创新驱动发展上的成效？

赵刚：近年来，广东不仅依托科技创新实现经济总量稳居全国第一，还涌现出华为、腾讯、比亚迪这些具有很强创新力、竞争力的国际性企业。

我认为，在这过程中，广东有三条重要经验。其一，是充分发挥企业作为创新主体的积极作用，激发了一大批民营企业在充分的市场竞争下，从贸易型、加工型企业跃升为创新型企业；其二，广东在对外开放上走在全国前列，吸引全国乃至全球的人才、资金、技术等创新资源，以及高等院校、科研机构等创新平台聚集发展；其三，广东大力推动科技创新成果转化，充分发挥技术溢出效应，推动以企业为主体的产学研联合创新，使得研究成果可以快速转化为生产力。

也要认识到，广东科技创新仍有不少短板，主要体现在："从0到1"的基础研究能力、创新能力还比较薄弱，科技人才特别是高层次科创人才仍不够丰富，在建设高效协同的创新体系上还有不足。

南方日报：在中国进入创新型国家前列的过程中，广东可在哪些方面率先探索？

赵刚：广东经济实力强、市场化水平高、民营经济活力足、企业创新能力比较强，有条件在深化科技体制改革上率先突破。

先进技术受制于人，往往是因为基础科学、基础工艺、基础材料比较薄弱。广东应发挥既有经济优势，大力吸引和培育这些基础研究领域的科学家，特别是推动有实力的企业与省内外高校、科研机构深度合作，组成创新联合体，并在合作机制上率先探索。

比如，人员编制上要足够灵活，在激励机制上更多向重点研究领域倾斜，为关键技术突破提供充足经费保障。有了更多的创新平台，匹配相应的机制创新，吸引更多优秀人才集聚，广东一定能加快补齐在原始创新上的短板。

基础研发为新产品提供应用场景

南方日报：在广东，约90%的科研机构、90%的科研人员、90%的研发经费、90%的发明专利申请都来源于企业。该如何看待这一现象？

赵刚：正如熊彼特所说，创新就是要把一种从来没有的关于生产要素和生产条件的“新组合”引进生产体系中去。一项发现或发明只有从实验室走进生产、走到消费者手中，才算走完了整个创新链。

未来，企业不仅是技术创新的主体，还应在基础研究上发挥更大作用。从欧美发达国家的经验看，基础研究不仅是高校和科研机构的事，也是企业的事，很多重要的研究成果都来自企业。

让企业参与基础研究也存在一些实际困难，比如难以看到短期经济效益等。因此，政府要鼓励有实力的企业，从所处行业领域的基础性、瓶颈性问题着手，加大创新投入力度，在提供收入保障的同时激发企业科研人员探索前沿科技的兴趣。

南方日报：企业创新离不开充足、高效的科创资金投入。您此前表示，在发达国家，企业的研发投入占销售收入的3%到5%，但中国企业平均仅能达到0.8%，应如何改变这种状况？

赵刚：相较于发达国家的跨国企业，我国企业的竞争力总体偏弱，往往更注重生产而不重视研发，企业利润往往更多用于简单的扩大再生产或者投入资本市场，创新精神和创新意识相对薄弱。

从政策激励看，我国过去存在短板。比如，很长时间里对知识产权的保护不够健全，打击了企业创新的积极性。近年来，我国积极融入全球创新网络，严格保护知识产权，取得长足进步，接下来应采取更有力措施保障企业的创新收益，并鼓励将其继续投入研发，保持和提升竞争优势，形成创新驱动发展的良性循环。

此外，过去我们对企业创新的规律缺乏清醒认识，比如在政府采购或者重大工程招投标中，主要看技术水平和投标价格，国外企业由于多年技术和市场积累，优势显著，处于起步阶段的国内企业则难以中标。在新发展格局中，更强调让具有自主技术的产品有用武之地，再通过市场竞争迭代升级。为此，我国出台了“首台（套）”政策，这可以为企业拥有自主知识产权的首台（套）技术装备提供应用场景，对企业创新是巨大的激励。

此外，还可以在税收减免上加大扶持力度，用足用好企业研发费用加计扣除等政策，还要加大对人才引进的补贴力度。

让资本市场养成“创新偏好”

南方日报：金融“活水”对科技创新的助力同样重要。但我国服务制造业转型升级的科技金融体系仍有待完善，资本市场服务科技金融的潜力挖掘仍有不足。您怎么看？

赵刚：欧美发达国家的一条重要经验，就是利用风险投资推动创新。创新本身具有很大的不确定性，但如果成功，可能获得十倍、百倍的回报。因此，风投资金愿意承受部分创新失败带来的短期损失。

回到国内，对民营企业特别是中小微企业来说，融资难、融资贵现象仍普遍存在，很多创新型企业没有或只有很少的固定资产，通过一般渠道很难获得融资支持。基金公司往往在企业发展相对成熟、特别是准备上市时才主动上门，但在企业创业初期急需资金支持时，往往不敢或不愿投资。

术、弹匣电池系统安全技术、超能铁锂电池技术、“三合一”高效集成电驱、两挡“四合一”高效集成电驱等技术已成功搭载在量产车型。比如，自研的海绵硅负极片电池能量密度、低温特性等均处于行业领先水平，已于2022年初成功搭载埃安AION LX Plus车型上市，成为首款获得工信部公告的续航超1000公里车型。

南方日报：广汽给新能源品牌埃安的定位是“科技公司”，这种变化，广汽是基于怎样的考量？

曾庆洪：汽车产业正面临深刻变革，科技已成为影响整个行业的最重要变量。智能网联与新能源科技持续改变着汽车产品的形态，也改变了消费者购买和使用汽车的习惯。我们深刻感受到科技实力决定企业未来发展走向的趋势，因此，广汽坚持向科技型企业转型，并以此为指引，加速构建产业链创新体系，产品技术研发加速迭代。

新能源汽车的竞争本质，是新技术、新科技的竞争。新能源汽车赛道未来的发展，一定是围绕核心“三电”技术、智能网联、自动驾驶等不断拓展的高科技领域展开。2017年，广汽投入450亿元，在业内率先开建智联新能源汽车产业园，用16个月时间打造出独立的智能纯电专属平台先进工厂。“十四五”期间，广汽计划投入850亿至1000亿元用于智能网联和新能源技术研发，建设大湾区智联新能源汽车产业集群中心，构筑全球智联新能源汽车创新枢纽。

2022年10月，埃安A轮募资近183亿元，刷新了国内新能源整车行业最大单笔私募融资纪录。引战增资完成后，埃安的内生发展动力和市场活力将得到进一步激发，募集的资金可用于核心技术的研发及产业化的布局，以应对行业未来更趋白热化的竞争。

人才战略、体制机制、资本运营 三个方面长期支撑企业科技创新

南方日报：如何支撑企业坚持走创新驱动之路？

曾庆洪：我们通过人才战略、体制机制、资本运营等几方面来支撑企业的科技创新。

人才战略方面，一是建立市场化选人用人机制，开展职业经理人改革试点，建立包括员工股权激励在内的多样化激励方式。二是搭建高层次人才队伍。目前，广汽集团正在推进集团人才队伍认知转型，招聘了2000名软件工程师，着力加强在软件集成和信息技术领域的研发，掌握一批智能网联和新能源关键核心技术，确保在未来市场和技术竞争中不受制于人。

体制机制方面，推进管理创新和机制创新。广汽的机制呈现“国企的平台、民企的效率、外企的流程”特点。广汽集团分别在2010年和2012年实现H股和A股上市。2018年率先开展职业经理人改革。在投资企业层面，大力推进广汽埃安混改，启动A轮融资和员工持股。此外，在所有二级企业全面实施任期制和契约化管理。

资本运作方面，广汽集团自股改以来，通过多项融资工具，募资397亿元，其中股权融资150亿元，目前储备有150亿元中票发行额度，可随需随发。各投资企业先后利用债券市场累计发行各类债券超500亿元。

建议统筹做好全省零部件产业园区规划 形成珠三角智能网联汽车产业集群

南方日报：如何看待新能源车发展动能在我国先进制造业中的延展？

曾庆洪：前面讲过，新能源汽车的竞争本质上是新技术、新科技的

竞争。未来新能源汽车赛道的发展，一定是围绕核心“三电”技术等高科技领域展开。因此，智能网联新能源汽车正加速带动我国先进制造业“跨产业链”的创新聚变。

汽车产业是广东省十大战略性支柱产业之一，在推动广东省经济社会发展过程中具有举足轻重的作用。自2016年以来，广东省汽车产量已连续六年稳居全国第一位。其中，2021年广州汽车产量296.44万台，总产值6118亿元，连续三年位居全国大中城市之首，产量在全省和全国占比分别超过90%和10%，在我国汽车产业版图中占据核心地位。广东必将成为中国乃至全世界新能源汽车的一个强劲增长点。

南方日报：广东要如何将这个优势发挥得更充分？

曾庆洪：在我看来，广东汽车产业具有创新能力强、交通基础好、开放程度高、营商环境好、区域联动优等竞争优势，为广东省汽车产业向智能网联化、制造服务化、全球化和数字化转型奠定了坚实基础，也为打造世界级智能网联新能源汽车产业集群提供了前所未有的发展机遇。具体有以下几点体现：

一是政府重视支持，政策积极引导，营商环境好，为汽车产业持续高速发展赋能。

二是产业集群效应明显。作为全国最主要的汽车生产基地之一，广东已经形成以广州、深圳为龙头，珠海、佛山、肇庆等地为重点的汽车产业区域布局，逐步形成了日系、欧美系和自主品牌多元化产业发展格局。

三是新能源汽车产业链完善。广东是我国汽车制造大省，聚集了众多传统车企、合资企业、造车新势力、自动驾驶初创企业等，全省产业链布局较为完整。新能源汽车方面，广东新能源汽车产业生产规模稳步增长，市场占有率持续提升，已形成相对完整的新能源汽车产业链，也培育了比亚迪、广汽埃安、广汽传祺、小鹏汽车、小马智行、文远知行等一批各自领域的佼佼者。广汽智联新能源汽车产业园已经建成，以广汽埃安智能生态工厂为龙头，广汽集团携手合作伙伴资源优势互补、协同发展，打造智能网联新能源汽车的制造共享平台，进一步提高整体竞争力。

四是在智能网联领域中起到先导示范作用。广东依托强大的研发能力，不断整合上下游的产业资源，快速迭代技术，广东车企联合华为、腾讯等头部科技和互联网企业，在智能汽车领域不断推出新产品投放市场，形成新的竞争优势，使广东在新一轮汽车产业变革中占据领先优势，加快完成从传统汽车制造向全球智能网联新能源汽车创新中心的蝶变。

五是一大批自主创新成果不断涌现。在各类创新政策的支持下，广东各大整车和零部件企业自主研发积极性大大提高，在智能网联、新能源“三电”、自动驾驶等方面诞生了一大批全国领先的创新成果，这为广东汽车产业进一步转型升级提供了必要支撑。

南方日报：我们要克服哪些困难？

曾庆洪：汽车芯片问题仍面临挑战，芯片作为汽车智能化和电动化发展的基石，对于汽车产业生存与发展有至关重要的作用。此外就是产业链稳供保供问题，也对广东省汽车产业可持续发展带来挑战。

从中长期来看，建议广东统筹做好全省零部件产业园区规划，形成珠三角汽车产业集群，通过广州带动整个珠三角智能网联新能源汽车产业的发展；同时，立足培育和引进优质零部件企业，制定更具竞争力的招商引资产业政策等。

广汽将坚持高质量发展，坚持制造业当家，认真贯彻落实省市规划部署，落实“链长制”，担当好“链主”，依托广汽智能网联新能源产业园，引领建设广东省智能网联与新能源汽车战略性支柱产业集群。

中科科创首席执行官谢勇：
在大湾区的科创沃土做“果农”

中科科创首席执行官谢勇

专业科创投资机构如何看待大湾区科技创新企业的发展？大湾区沃土上，科技创新企业形成了对股权投资需求的哪些共性？大湾区如何营造一个更具吸引力的科技创新及产业发展环境？广东中科科创创业投资管理有限责任公司（简称“中科科创”）首席执行官谢勇接受南方日报专访，以专业投资人的眼光解码大湾区科创企业的加速成长之道。

中科科创是大湾区舞台上不容忽视的科创投资头部资产管理机构，曾助力芳源股份、小鹏汽车、凡拓数创等众多科创企业加速成长。作为我国第一批可以从事股权投资、创业投资基金投资管理业务的专业机构，中科科创是广东省基金业协会发起人和副会长单位、广东省创业投资协会常务副会长单位。

谈投资理念：做“果农型”投资创造价值

南方日报：首先请您向读者简要介绍一下中科科创的成长历程以及在科创领域的出色投资案例。

谢勇：中科科创是作为广东省第一支大型备案制股权投资基金——中科白云股权投资基金的发起人和管理人落户广州的。经过13年发展，中科科创率先构建起了覆盖广东全省主要发达地区的省、市、区（镇）三级的股权投资基金和创业投资、天使投资基金体系，处于人民币股权基金管理行业全省前十和全国领先的行列。截至 2022 年底，中科科创全平台累计管理基金超过 50 只，管理基金规模超过 150 亿元，累计为投资人返回现金金额超 110 亿元。

中科科创专注于投资生命健康科技产业、新能源新材料与先进制造业以及产业数字化与新一代信息技术三大重点产业方向，并有着众多出色的投资案例，如领先的动力电池正极研发生产企业芳源股份、虚拟世界建设者凡拓数创、实体瘤免疫细胞治疗企业恒瑞源正、工业大数据服务商博依特科技等。截至目前，中科科创累计已投资科创企业超过 100 家，实现 IPO（首次公开募股）40 家。

南方日报：您提及中科科创已投资了超过 100 家的科创企业，可否介绍一下，中科科创对科技产业赛道的投资策略有哪些思考和实践？

谢勇：粤港澳大湾区是创新、创业、创投、创富的沃土。中科科创扎根粤港澳大湾区，探索出“果农型”创投模式。

“果农型”的创投模式有三个特点：

首先是专注和务实。作为“果农”，首先要专注粤港澳大湾区这片沃土，让适合的企业像果苗一样茁壮成长，这就需要我们像果农一样浇水、除草、驱虫，适当的时候还要剪枝修叶。

其次是敬畏和尊重。要为企业选好土壤，敬畏产业发展规律，尊重企业家，帮助企业走上一条符合产业发展规律的道路。

最后是陪伴和呵护。不同于游牧型、狩猎型创投，“果农”要创造价值，而不是简单地去分享价值，这需要我们创投机构更有耐心，更有定力。

谈区域经济：科技创新企业渴望耐心的资本

南方日报：当前大湾区的科技创新企业，在对股权投资的需求上有哪些共性特征？

谢勇：新一代科技企业的创新源头是从高校科研院所获得的发明专利，经过工程化转化成产品，再通过商业化流通为商品。如我们已投项目的芳源股份是由中南大学有色冶金系教授罗爱平领衔创立，阿格纳生物医药则是一家由诺贝尔奖获得者和国家重大人才工程入选者共同创办的生物医药公司。

“科技”属性决定了所有的科技创新企业都具有“研发投入大、周期长、不确定性强”的特点。因此，科技创新企业更渴望有耐心的资本，能支持它们在漫长的研发期做出产品。

我们的做法具体来说，在第一阶段投入资金支持企业完成产品研发以后，第二阶段还会为科技企业引入人才、对接客户，帮助企业做产业上下游整合。在企业实现收入利润以后，第三阶段我们会继续提供资金，对接中介机构，帮助科技企业在资本市场上市继续融资。

南方日报：大湾区应该如何营造一个能够吸引资本的科技创新及产业发展环境？

谢勇：首先，引入更多“源头活水”，缓解创投基金“募资难”问题。解决本土创投机构难以募集到长线资金的问题，重点支持多渠道拓展融资渠道，引导长线资金加大投入，支持创投机构“投早投小、投长投硬科技”。

其次，建议完善创业投资与天使投资相关税收政策，如建议适当降低对初创科技型企业投入研发费用的比例要求等。

第三，搭建创投人才服务体系，助力大湾区创投与科技产业发展良性循环。创投行业的特点要求投资业务人员具备“实业经验 + 金融投研经验”。产融结合的复合型人员在市场上较为稀缺，建议由政府及相关部门牵头，搭建科创人才库，形成科创投资人才库。对人才进行数字化管理，精准介绍，推送创投企业。同时，建议相关人才政策激励范围覆盖创投行业。

谈行业生态：遵循规律不盲目追求“风口”

南方日报：股权投资机构应该如何促进科技创新企业与资本市场深入对接，为科技创新企业的高质量发展提供新动力？

谢勇：近年来，随着科创板、北交所成立，创业板实施注册制以及IPO全面实施注册制，科技创新企业融资渠道得到进一步畅通。科创板推出后，股权投资机构扶持“硬科技”企业的投资导向更加鲜明，企业的创新活力得到激发，科技至产业的转化效率进一步提升。

以中科科创为例，为帮助企业对接资本市场我们采取了以下措施：深挖地方科技资源，围绕当地优势产业，联合重要合作伙伴培育科创精品企业；搭建对接资本市场平台，为企业举办步入资本市场的交流会，搭建起加强互动的机制；引入适合的中介机构及中介机构团队，联合头部券商、会计师事务所和律所等服务机构赋能科创企业；对接产业资源，力促科创企业与地方政府、上市公司及行业头部企业之间的信息共享、资源整合，帮助企业对接所需要的产业资源。

南方日报：作为广东省基金业协会发起副会长和省创业投资协会常务副会长，您认为投资机构应该如何建立更好的科技创业和科技创新生态，促进产业的多元化发展？

谢勇：新形势下，投资机构亟待进一步梳理科技与资本的互动关系，打造更为良好的科技与资本融合模式。

首先，要以市场需求为导向，真正建立以企业为主导的研发成果产业化机制。遵循科技创新的客观规律，形成“产学研用一体化”的内生动力，而不是盲目地追求“风口”。

其次，既要以关键核心技术、硬技术创新为主线，也要支持各类业务创新、模式创新、生态创新等。

第三，投资机构在发挥资本力量的同时，要注重资源支持、投后赋能等多维度的要素匹配，全方位助力科技企业的高质量发展。

叁

案例篇

第一章　智造引领
第二章　前沿转化
第三章　数字驱动

第一章　智造引领

优艾智合

“有行业研究数据显示，现在全国称得上智能制造的工厂大概只有5%，整个工业机器人的市场应用空间其实非常广阔。”2023年初，因产品集中亮相《流浪地球2》，深圳优艾智合机器人科技有限公司（简称“优艾智合”）着实“火”了一把。优艾智合联合创始人、产品总监赵万秋表示，公司在2017年创立之初，就感受到智能制造领域对机器人的强劲需求。该公司从工业物流领域切入，短短5年时间，其复合移动工业机器人产品已横跨智慧物流、智能巡检以及3C、新能源、半导体制造等多个领域。

在赵万秋看来，包括物流、巡检以及制造生产在内，未来几乎所有标准化的工序都将被机器人所替代。随着科技创新成果不断涌现，智能制造的高度与广度将被快速拓展，主要体现在智能制造水平的进一步提升，以及越来越多传统制造业加入数字化、智能化的升级改造浪潮中去。

“从应用端的反馈来看，如何助力企业实现柔性生产，是我们亟待攻克的难点。”赵万秋表示，现有的技术手段，主要是实现生产制造过程中物质流与信息流的打通与智能化，如物料的转运、抓取、投放，以及用大数据改善生产流程与生产环节。但在决策流方面，人依旧是负责响应和做出决策的终端，未来想要省去更多人工，实现系统智能驱动生产，仍有很长的路要走。

与此同时，随着行业需求的爆发，机器人赛道竞争的激烈程度同样与日俱增。因此，不断加大科研投入，向更高端领域进发，沉入更多应用场景的“深水区”，逃离低端内卷，也将成为工业机器人实现破局的必经之路。

如在智慧物流业务上，优艾智合专攻的方向其实并非简单的物料搬运。赵万秋介绍，在半导体生产中，优艾智合攻克了对洁净度、运输稳定性等条件要求极高的晶圆转运环节，使机器人搬运时振动值最低降至0.025G，最高满足 Class-1 洁净车间等级，实现晶圆盒在机台、电子料架、存储仓等不同工序间的自动转运，同时保障物料数据全流程可追溯，真正攻克了行业痛点，最终取得了某国际头部芯片代工制造商 2 年内 4 次复购的商业效果。

优必选科技

走进深圳市优必选科技股份有限公司（简称“优必选科技”）展厅，熊猫机器人优悠为我们带来了一场精彩绝伦的“太极”表演，灵活的四肢以及非常智能的交互能力，为大家展示了该公司在人形机器人领域最新的科技研发成果。

提起人形机器人，除了此前大火的特斯拉外，优必选科技是国内绕不开的一家公司。2019年，“优悠”的原型机Walker刚刚实现简单的行走和“踢足球”的操作。如今，优悠不仅学会了“打太极”，还可以在各种特定场景中自如行走，充当“AI导游”的角色，发展愈发迅速。

“我们认为非常简单的一个动作或者功能，比如走一些不平整的路面，背后有可能需要长达半年到一年时间的研发测试。”优必选科技人形中心工程师葛利刚介绍，2022年3月，优必选科技将人形机器人的研发从研究院独立出来，专门成立了“人形中心”，力图加速人形机器人产品应用的落地。

如果把时间线倒回到十年前，人形机器人市场几乎还是一个“无人区”。优必选科技创始人、董事长兼CEO周剑曾这样形容当时的创业情景：“公司成立之初，智能机器人，尤其是人形机器人还属于冷门行业，产业环境连萌芽阶段都算不上，更别说能吸引到资本。”而如今，在周剑看来，人机协作的拐点正在到来。

“我们的人形机器人历经6年时间4次迭代，成本已经可以做到10万美元以内。”优必选科技首席品牌官谭旻介绍，以应用创新最为擅长的中国机器人企业已经走在世界前列。“中国既有全球最先进的供应链支撑，又有技术创新的持续突破，形成了机器人行业百花齐放的发展格局。”

不过，想要人形机器人像智能手机一样走进寻常百姓家，行业普遍

优必选科技熊猫机器人优悠（张令摄）

认为仍有很长的路要走。在谭旻看来，人形机器人想要实现大规模商用，仍面临着三大痛点。

第一个痛点，就是人工智能技术仍待突破。比如自然语言处理工具 ChatGPT 的出现，倘若能够帮助机器人实现真正像人类一样聊天交流、执行任务，完成大量日常工作，那么在服务行业、养老产业甚至是家庭中，人形机器人产品才能形成真正强大的需求。

第二个痛点，人形机器人大规模商用的成本仍然偏高。“我们认为如果一款产品的售价可以接近一辆普通家用汽车的价格（2 万美元左右），人形机器人才可以真正实现走进家庭消费的应用场景。”谭旻表示，想要实现这一点，拥有强大消费市场和供应链的大湾区很有优势。

第三个痛点，则是需要人才和资本的持续投入，仅靠企业自身的力量仍然不足。据了解，优必选科技过去三年的年均研发投入占比超过 60%，投入资金超过 20 亿。包括高性能伺服驱动器、人形步态运动规划与控制算法、计算机视觉与感知、智能语音交互、SLAM（即时定位与地图构建）与导航等核心技术在内，均需要进行持续的自主研发投入。

李群自动化

东莞市松山湖高新区，李群自动化技术有限公司（简称“李群自动化”）的工业机器人生产线正在进行数据自动测试。

“机械臂在三轴方向的重复定位精度控制在0.01毫米之内，各个方向轴测试超2000次，确保符合出厂要求。”这些数据，生产总监周祥富早已熟记于心。

2019年，他加入李群自动化，此前在一家机器人龙头外资企业担任生产总监近十年。

“国内机器人市场竞争激烈，同质化现象严重，企业必须要有过硬的核心竞争力。”周祥富介绍，公司自主研发了新一代分布式驱控电一体化智能控制器，打破机器人核心零部件控制器主要依赖进口的瓶颈。

目前，李群自动化推出了水平多关节机器人、并联机器人等，是全

李群自动化车间（石磊摄）

球第二家拥有全品类工业机器人产品的公司。

从外资龙头企业到创业公司，他感受最深的是广东制造加速迈向广东智造。“东莞以前是世界工厂，工人密度很高，现在很多企业都是自动化设备。”

针对爆款产品，提前做好库存储备。“作为科技型企业，我们会平衡生产，满足周期性的需求。针对一些客户的定制产品，也有值班人员负责。”

工业机器人生产线上正在进行数据自动测试，软件研发人员罗伟杰把数据录入电脑系统，用于软件升级优化参考。罗伟杰介绍，目前正在自主研发新的控制器，并基于新的控制器去做功能开发。

如何吸引更多年轻人来工厂工作，周祥富有自己的想法。“我们对员工的称呼是技术员，从事的是有技术含量的工作，这样员工的自信心和自尊感就提高了。国产机器人品牌要超过国际品牌，正需要这样的技术员。”

“我相信，经过一段时间的发展，国产机器人的比例很快会超过50%甚至更多。”周祥富充满信心。

库卡机器人

橘色机械臂有节奏地上下“舞动”，在位于顺德北滘的美的库卡智能制造科技园中，机器人正组装生产另一台机器人。

“这是2023年1月启动的广东首条‘机器人生产机器人’产线，也是国内第一条生产重载机器人的全自动化产线，可以24小时不停歇运转，做到真正的标准化生产。”库卡机器人（广东）有限公司（简称“库卡机器人”）相关负责人陈峰介绍，与传统人力操作相比，该条自动化产线单班产能提升50%，工时效率提升超过30%，产品可控性也大大增强。在这里，机器人实现了“复制”自己，也打开了人们对“未来工厂”的想象空间。

库卡机器人（广东）有限公司于2018年成立，总部位于美的库卡智能制造科技园内，主要从事机器人本体及控制系统的研发制造、系统集成，是华南最大的机器人本体生产基地。据相关工作人员表示，目前累

库卡机器人车间（戴嘉信摄）

计生产机器人 5.3 万多台，2025 年产能将达到 8 万—9 万台。

据悉，其公司突破了伺服电机、伺服控制器及驱动器机器人关键零部件核心技术，攻关机器人的薄弱环节。2019—2021 年获评国家高新技术企业、国家级第三批专精特新“小巨人”企业等称号。

“市场需求决定了我们研究开发的方向。离客户越近，产品开发的速度就越快、方向越准。”陈峰表示，作为制造业之都，佛山在家具、家电等行业都有着大量智能制造和产业升级需求，为工业机器人的研发、生产、应用提供了一个良好的环境。自投产以来，2021 年库卡机器人产量已突破 17 000 台，占省内工业机器人行业约 14% 的市场份额。

与此同时，工业机器人的广泛应用也在助力传统制造业加快智能化、绿色化转型。“依托美的库卡智能制造科技园，我们将持续加大研发投入、丰富机器人产品型号，加大产品应用端的开发，满足国内市场的需求，推动工业机器人在本土的技术转化与落地，带动佛山乃至华南地区智能制造产业发展和升级。”陈峰说。

机器人除了在生产机器人时干精细活，还在医疗领域做起了搬运工。在公司的展览厅内，一个小箱子正沿着轨道“拉货”。TransGuard 轨道物流传输系统有三重抗菌技术，可以沿着固定轨道实现全自动化运输医疗用品，如药品、输液袋、绷带等。据相关工作人员介绍，“这套设备智能安装在天花板上，人流、物流就能互不影响，减少交叉干扰感染”。

此外，机器人还能做“物流小哥”。展览厅的另一端，高度自动化物流机器人正在运输物品，AutoStore 机器人存取系统可以运行 30 公斤以下小件物品的自动存储和分类管理，包括保密文档、珠宝等贵重物品，所需货物只需一键下单，机器人就会将指定物品送到拣选工作站。在这里，不止一种“物流小哥”，另一款 ItemPiQ 拆零拣选机器人能替代人工自动完成拣选动作，“在它上方搭配了一个摄像头，能精确识别定位，指挥机器人抓取或者吸出像纸巾、盒子等不超过 1.5 公斤重的小型物品，也能运输物品。”相关工作人员说。

现阶段美的库卡智能制造科技园项目二期现已封顶，预计 2023 年内全部投用，届时园区总面积将超过四百亩。据悉，园区涵盖智能制造、智能物流等业务板块，未来将逐步建设四大功能区，包括机器人制造中心、应用集成中心、智能物流中心及培训中心，打造国内一流的机器人产业集群区。

奥比中光

在东莞塘厦镇，奥比中光科技集团股份有限公司（简称“奥比中光”）工厂无尘车间里，芯片贴合、芯片焊接等自动化设备正在运作；在深圳南山，研发人员以及各地负责销售的人员在“云端”热烈讨论着新年新产品的销售情况。

据了解，2013 年，奥比中光在深圳创立，团队从“最难啃的骨头”啃起，攻关国内没有先例可循的核心底层技术，从率先研发成功国内首颗 3D 感知芯片；率先量产消费级 3D 传感器，到实现线下刷脸支付、智能手机、机器人等领域规模化应用、产业化落地走在全球前列。

特别是在支付方面，奥比中光与蚂蚁集团及其生态合作伙伴就线下支付细分场景应用存在多种合作模式。同时，银联“刷脸付”支付终端大多是搭载国内 3D 视觉领域龙头企业——深圳奥比中光科技有限公司

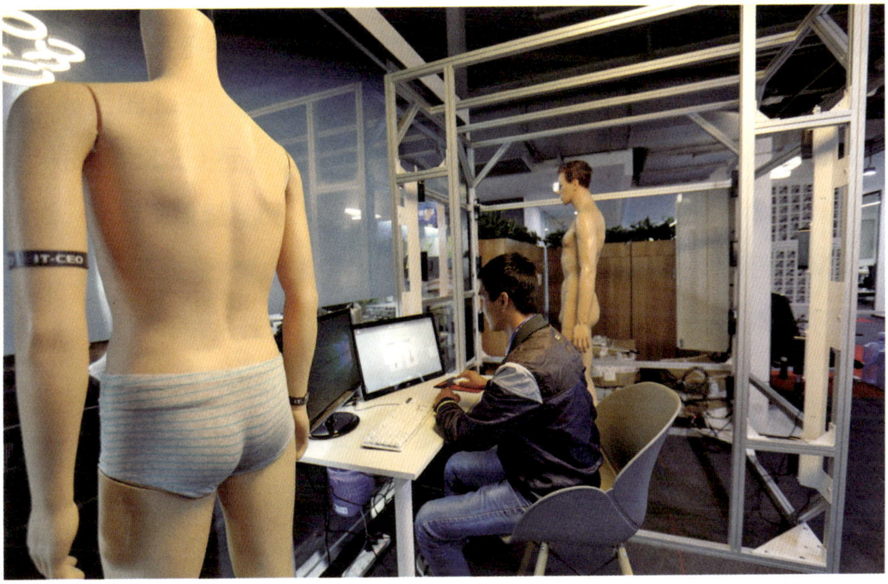

奥比中光实验室工作人员正在对假人模特进行 3D 扫描实验

们提供了耳目一新的视听新体验。2023年，我们将进一步深耕光显赛道，持续提升光显解决方案与服务能力，通过光和显的融合，满足客户、大众不断升级的需求”。

此外，袁道仁称，LED影院屏、XR虚拟拍摄、裸眼3D创意显示、体育赛事、数字内容、元宇宙等新兴市场已经爆发出强大的市场潜力，洲明科技将进一步通过拓宽LED应用边界、提升新兴行业解决方案能力，在满足大众对美好生活需求的同时，为整个行业的蓬勃发展找到新路径。

“2023年无疑是充满机会的一年，光显赛道有着上万亿的市场空间等待我们去探索。洲明科技将带头冲锋，通过光显数字化，温暖百国千城，为行业发展助力，为社会进步贡献力量，为大众美好生活持续奋斗。”袁道仁表示。

维信诺

■ 维信诺柔性屏产品（吴伟洪摄）

手机、平板、笔记本电脑、各类穿戴设备……随着智能电子产品的普及和应用场景的不断拓展，市场对平板显示技术的要求逐渐提高，可折叠、易穿戴的柔性屏成为新的趋势。新年伊始，位于增城区的广州国显（维信诺）全柔 AMOLED 模组生产线马力全开，产品将供应下游终端消费电子品牌客户。技术的革新，也将给人们的生活带来巨变。

2019 年，广州市增城区下属国有企业与维信诺共同出资成立广州国显科技有限公司，建设广州首条全柔 AMOLED 模组生产线。产线聚焦中小尺寸全柔 AMOLED 模组，涵盖曲面、折叠、穿戴和车载等新兴应用领域，同时具备高扩展技术空间。

据了解，维信诺第 6 代柔性 AMOLED 模组生产线总投资 112 亿元，设计产能为年产能 5000 万片模组，预计达产后年产值 210 亿元，产品于 2020 年 12 月 20 日点亮。项目达产后可充分应对未来柔性面板产能转化为高端智能终端产品的供货压力，也将进一步拉动产业集群，提升区域创新凝聚力，促进产业深度融合。

“截至 2022 年底，已完成柔性产品包括荣耀、华米、联想、华为等品牌客户的出货。”企业负责人介绍，2022 年公司年产值达 37.5 亿元，预计2023年在技术与客户的双轮驱动下，高附加值产品将持续增长。

技术掌握在自己手里，才能充分应对市场竞争。据介绍，该条生产线已成功实现了整线高度自动化，是打造新型显示智能制造的典范，具有高智能化、高自动化、高专业化的显著特点，拥有全球领先的产线技术水平。这条生产线辐射粤港澳大湾区，与珠三角密集的电子信息产业区位优势相结合，以创新型整体解决方案，赋能终端市场拓展及高科技产品进化，增强上下游配套能力，形成互补联动的集群效应，带动粤港澳大湾区OLED（有机发光二极管）显示产业链快速发展。在激烈的国际竞争中，加快面板产业全面自主可控。未来，随着柔性显示技术和人工智能、大数据、通信等方面的深度融合，将实现“万物皆可显示”。

全球OLED市场发展快速，前景良好。增城区正积极与维信诺集团沟通，争取引进维信诺第8.7代柔性AMOLED屏体生产线。项目计划建设第8.7代柔性有源矩阵有机发光显示器件生产线，总投资550亿元，产品涵盖平板、笔电（含折叠笔电）、车载显示等应用领域，预计达产后实现产值约331亿元。屏体项目落地可以更好地与增城区维信诺模组项目配套，与康宁玻璃、超视界等形成集群。

当前，增城区正积极贯彻落实新发展理念，以推动高质量发展为主题，构建现代产业体系，目前已集聚信息技术上下游企业40余家，2022年产值达148亿元，占全区规上工业总产值的8.55%，在全市信息技术产业布局中迅速崛起，与黄埔区联动互补，形成了“新型显示价值创新园”和“智能传感器产业园”，助力广州打造“世界显示之都”。

漫步者科技

2023 年初,《流浪地球 2》火爆全网。在这部科幻巨制中，东莞智造出了一把“圈”。影片中科技感满满的联络耳机，便诞生在松山湖高新技术产业开发区漫步者科技有限公司（简称“漫步者科技”）。

“它以北斗七星为外观原型，经过工业设计、3D 打印、结构论证、模具开发等产品化流程制作而成，其中一款还具备通讯功能。”漫步者科技副总裁秦昌峰说。

“我们仅有 7 天的设计周期，在接到电影设计任务后，团队做的第一件事不是‘画耳机’，而是‘画人像’。”漫步者科技股副总裁李晓东介绍，“先设定使用产品具体的、生动形象的人像，保证颜值在线的同时，即便在未来世界，我们也会考虑到‘以人为本’的实用性。只有真正地融入电影故事背景中去思考产品当时的使用场景，才能设计出科技感满满而不违和的耳机”。

漫步者科技产品（胡国球摄）

这些耳机并非单纯的“电影道具”，而是可以使用的产品级道具。出镜的同时也帮助剧组解决了航空服道具屏蔽信号、无法通讯或通讯延迟的问题，让耳机从电影道具变成了片场工具。

在科技与现实的碰撞下，许多网友对影片中这些带有未来感的耳机充满了兴趣，纷纷喊话漫步者，催促其快点上架同款耳机。

“漫步者在设立之初就有两个宗旨，第一是要做中国人自己的品牌，第二是要做中国老百姓用得起的好东西。”李晓东说。

1996年，漫步者科技在北京创立，并于1997年开始拓展海外市场，以中国自主品牌的形象走向世界。东莞漫步者于2006年注册成立，是漫步者集团的核心企业和最大的生产制造基地。2010年2月5日，漫步者成功登陆A股市场，成为国内首家在A股上市的自主品牌多媒体音响企业。

2022年，漫步者科技入围新一批全国企业“领跑者”榜单，东莞智造在漫步出海的同时，也成了全国同类产品的领跑者。

第二章　前沿转化

云舟生物

继小分子化学药、大分子蛋白药以后，基因药物有望成为第三大生物医药产业。当前，基因药物处于发展萌芽期，全球市场竞争者相对较少，发展潜力巨大。广东正抢抓这个新机遇，引领生物医药产业的新一轮变革。

基因药物的核心是将治疗性基因片段通过载体递送至特定细胞，且鉴于基因药物的特点，其临床转化与生命科学研究关联紧密。

因此，“对基因药物来说，最核心的技术瓶颈就是递送环节，基因载体其实就是一种‘交通工具’，交通工具里装的东西很重要，但怎么把东西精准送达终端客户也很重要”。云舟生物科技（广州）股份有限公司（简称“云舟生物”）创始人兼首席科学家蓝田介绍，该公司提供包括基因递送方案的设计研发与优化、科研用载体定制和临床用载体制备等全产业链服务，加速基因药物的临床应用。

“现在越来越多的临床应用，已经让我们看到基因药物的应用范围，从早期的遗传性罕见病拓展到越来越多场景，比如心血管病、帕金森、阿尔兹海默症，甚至艾滋病、脑损伤等。”蓝田说。

2022 年 11 月，云舟生物于第七届“创客中国”创新创业大赛全国总决赛企业组夺魁，这也是广东企业首次在该项赛事上摘得桂冠。

其参赛项目“科研到临床基因递送全产业链技术服务平台”，涵盖科

上市公司，成功“出圈”。谈及未来，张宇鑫表示，“云从科技将发挥自身的聚能优势，汇聚大量上下游生态企业和合作伙伴，共同来到南沙发展，共同帮助广州乃至大湾区人工智能的产业链不断做实做深做强”。

中科宇航

在位于广州南沙的中科空天飞行科技（简称“中科宇航”）产业化基地车间内，第一枚运载火箭——力箭一号遥二运载火箭已经在产业基地进行总装测试，将于 2023 年 5 月在酒泉卫星发射中心实施发射。

2023 年，中科宇航还将完成液体火箭的亚轨道飞行实验及力箭系列火箭研制，同时将和中旅集团共同推进太空旅游业务。未来，该基地产能完全建成之后，具备年产最大 30 发固体运载火箭的能力，这也是我国首个全产业链商业航天产业园，将有力提升我国运载火箭的发射保障能力。

中科宇航成立于 2018 年 12 月，是国家重大科研项目的成果转化平台。公司致力于太空科技探索和空天飞行器研发集成、技术成果转化，并提供宇航发射服务。中科空天飞行科技产业化基地是由中科宇航打造的系列化运载火箭产业基地，坐落于广州唯一的出海口、粤港澳大湾区的地理几何中心——南沙，于 2020 年 9 月 29 日在南沙大岗先进制造业基地正式开工建设，2022 年 11 月竣工。2023 年 1 月 9 日，基地正式开业，当月正式投产。

作为商业航天产业“链主”，中科宇航产业化基地在南沙的落成，宣告国内首个全产业链精益化、数字化、智慧化的商业航天产业化基地投产运营，将带动千亿级规模的宇航动力研发、卫星研发、火箭卫星测控等上下游关联产业链汇集南沙。

“我们在广州南沙的产业化基地主要用于开展系列化固体、液体运载火箭的生产、试验、总装测试等工作。目前力箭一号运载火箭即将进入正式量产阶段，将推动大湾区打通前沿基础研究与科学应用的全创新链，赋能航天产业化在广东跑出加速度。”该公司相关负责人说。

近年来，广州南沙积极布局航空航天产业链条，正完成集运载发射、卫星研制和航天应用于一体的商业航天全产业链布局，为广州发展商业航天奠定重要基础。

在谈到中科宇航作为重大科技项目落地南沙的主要原因时，上述负责人表示，中科宇航看中广州南沙的区位优势，南沙区位于大湾区的几何中心，交通便利、出海便捷，而且工业用地较为丰富，为企业发展、扩大生产规模以及不久将来的海上发射，提供了非常有吸引力的平台和想象空间。另外，当地政府对航天产业的大力支持，特别是南沙区发布的“探天九条”。这对商业航天企业是真金白银的支持，对企业初期的成长、中长期的发展以及整个产业链的支撑都是非常重要的。

聚焦高质量发展，未来，中科宇航将持续发力，力争把中科空天飞行科技产业化基地打造成国际一流的系列化运载火箭产业基地，并且在政府的指引和支持下，充分发挥产业链“链主”的聚合带动效应，牵引上下游相关的宇航企业落地，将航天产业打造成为广州南沙的一个新名片，力争打造为中国航天“第三极”、中国商业航天“第一极”，形成中国商业航天的聚集高地。

晶泰科技

2023 年 2 月 6 日起，深港陆路口岸全面恢复内地与香港人员正常来往。在通关前后，深港两地企业已经加速在深港两地的研发空间和市场相互布局。

深圳晶泰科技有限公司（简称“晶泰科技”）便是其中之一。晶泰科技目前已经开始筹备在 2023 年内于香港数码港搭建人工智能干实验室 AI Dry Lab，作为晶泰亚太研发中心落地香港的第一步，结合晶泰在深圳河套深港合作区的总部联动大湾区的共同发展。

2015 年，由温书豪、马健、赖力鹏三位科学家在深圳建立的晶泰科技，是一家以数字化和智能化驱动的人工智能药物研发公司，基于前沿计算物理、量子化学、人工智能与云计算技术，为全球创新药企提供智能化药物研发服务。

■ 深圳晶泰科技实验人员研发忙（朱洪波摄）

借助于量子物理、人工智能与云计算技术，晶泰科技研发了ID4智能药物研发平台，能准确预测药物的多种重要特性，除早期的晶型外，现在还包括活性、成药性、毒性等指标，从而综合加速药物临床前研究的效率与成功率，目前已涉及150+新药研发AI模型、百亿级分子库、百万级核心算力。自从成立以来，晶泰科技就是资本市场的宠儿，获得了谷歌、腾讯投资、红杉资本、深创投、软银、招银国际、顺为资本等创投机构的投资。

晶泰科技CEO马健介绍，晶泰科技自主研发的自动化机器人实验室Robotics Wet Lab建在美国波士顿，支持其全球业务扩张。未来，作为香港落地的第二步，晶泰还将在香港投建机器人实验室，形成全球联动的大规模实验集群，目前正在与多个香港园区进行接洽。

“随着深港口岸全面恢复通关，大湾区真正地团圆了，这是开年的一大喜事。新的一年，我们计划在香港建立亚太研发中心，与深圳总部两地联动，借助深港协同发展的资源和区位优势，通过广泛合作，赋能自动化、智能化技术驱动的药物创新。”马健表示。

中华科意

在电影《黑客帝国》中，主角通过在脑后插入一根线缆实现与“母体”系统的连接，就可进入一个虚拟世界，用大脑意念获得知识和发出指令。如此天马行空的场景，正逐渐从科幻走向现实。

近年来，“脑机接口”越来越火热。在阿里巴巴达摩院发布的“2021十大科技趋势”中，就谈到“‘脑机接口’帮助人类超越生物学极限”。根据中国电子技术标准化研究院公布的《脑机接口标准化白皮书 2021》，预计 2027 年市场规模将达 37 亿美元，年复合增长率为 15.5%。

“我们团队研发的穿戴式无创脑机接口产品，通过特定频率电刺激可干预脑认知功能。目前，相关产品正在申请Ⅱ类医疗器械注册证，有望于 2023 年上市。”深圳中科华意科技有限公司（简称“中科华意”）创始人蔚鹏飞说。

“非侵入式脑机接口技术在国内学术领域的研究已经开展多年，有较多的技术积累，目前市场上企业更多选择的是非侵入的方式。”蔚鹏飞拿起其研发的穿戴式无创“脑机接口”产品，外形像头戴式耳机帽，戴上后，设备通过柔性电极传感器，可识别脑电波在大脑执行不同任务时的变化。

“识别脑信号只是第一步，我们要做的是在采集和分析脑电信号的基础上，来调控检测到的异常神经振荡活动，最终达到干预治疗的目标。”蔚鹏飞说。

蔚鹏飞表示，通过特定频率电刺激干预脑认知功能，其团队研发的穿戴式无创脑机接口产品可应用于治疗老年痴呆患者的认知障碍、意识障碍患者的意识苏醒等一些临床适应症。在前期临床测试中，蔚鹏飞曾让两组参与人员戴上“机器帽”背单词，在没有提前告知的情况下，一组施加电刺激，另一组不施加。每天戴上一定时间，重复一星期后，被施加了电刺激的人员记忆力提升了17%左右。

“我们前期开展了很多临床试验证明，它可以在两周内改善痴呆和认知障碍患者的认知评分量表，目前正在开展多中心的注册临床。”蔚鹏飞说。

广阔的市场前景，为“脑机接口”的发展打开了巨大想象空间。但要真正走向大众，“脑机接口”技术还面临着不少商业化落地的难题。

近年来，蔚鹏飞团队依托深圳先进院人才技术积累，不断加速脑认知与脑疾病产业化落地。2018年，蔚鹏飞等人通过技术转化入股的形式，成立了中科华意。该公司是深圳先进院脑认知与脑疾病研究所基于脑科学理论研究源头创新成果孵化的项目，专注于无创神经调控技术和产品的研发。

2022年9月，中科华意获得了种子轮融资。“本轮融资后，我们将继续发挥深圳先进院‘IT+BT’融合发展的独特优势，重点加速推动实验室技术的临床应用转化和产品的医疗器械注册，将神经调控平台技术应用到更多的医疗场景和适应症上。”蔚鹏飞表示。

蔚鹏飞指出，目前“脑机接口”技术在医疗领域的应用尚处于起步发展阶段。未来，“脑机接口”技术在商业化落地过程中，要明确特定技术的临床适应症范围，进一步完善对临床有效性和安全性的评价标准、医疗器械临床的试验规范，并建立相关管理政策法规。

小鹏汇天

经过三千余架次的试验试飞后，由广州汇天航空航天科技有限公司（简称“小鹏汇天”）全栈自研的旅航者 X2 于 2022 年 1 月 30 日正式获得由中国民用航空中南地区管理局颁发的特许飞行证，成为国内首款提出申请并成功获批的有人驾驶 eVTOL（电动垂直起降）产品。旅航者 X2 获颁特许飞行证，意味着飞行汽车的发展再提速，向产业成熟持续迈进，将对整个行业和产业的发展产生巨大的带动效应。

据了解，小鹏汇天是亚洲规模最大的飞行汽车公司。该公司研发的智能电动飞行汽车，将应用在未来城市空中交通、旅游观光、应急救援、空中巡逻等低空出行领域，为城市立体交通贡献力量。

旅航者 X2 是一款双人智能电动飞行器，可搭载 2 位乘客，最大载重 200 公斤。据介绍，其续航时间可达 35 分钟，设计飞行高度为 1000 米以下，适用于未来城市的低空飞行；飞行过程中，最大飞行时速为 130 千米，可满足城市内短途出行需求，同时还可为旅游观光、野外救援、医疗运输等场景提供服务。

X2 搭配手动驾驶和自动驾驶两种驾驶模式，其中自动驾驶功能可根据设定的飞行高度、飞行速度、飞行时间，沿着规划的航线自动飞行。在 X2 的自动飞行过程中，乘客无须具备专业的驾驶技能，只需通过一键启动、一键返航、一键降落等简单操作即可拥有安全、智能的飞行体验。

飞行汽车作为一个全新的物种，需要经过长时间的发展和迭代。该公司现阶段的飞行汽车产品，依然以汽车属性的陆行为主，大部分时间在路面开，少数时间可以在天上飞。“飞行汽车在陆行时，与现有智能电动车驾乘体验类似，满足消费者正常出行的需求；飞行时，鉴于技术、政策等的发展现状，可在郊区、飞行营地等符合监管要求的情况下，进行飞行体验、观光游览和地貌阻隔的跨越等。同时，在部分城市市区内，进行固定路线或场景的飞行，满足消费者在限定场景下的低空飞行体验和出行需求。”该公司相关负责人表示。

未来，随着飞行汽车续航时间和里程的持续增加，飞行场景会快速增加，飞行便利性会大大提高，而用户的使用门槛和成本会快速降低。畅想未来，该负责人称，届时，飞行汽车会有大部分的时间在空中飞，仅有少量时间在地面进行短距离“移动”，实现在城市中或跨城中更方便、更自由、更轻松的飞行，“自主飞行”发展成熟并大规模普及，真正实现门到门、端到端，全程无人接管、自动驾驶的3D出行场景。

在高质量发展背景下，面对飞行汽车研发的诸多技术难点，小鹏汇天将依托番禺区的智造创新城新战略定位和广州大学城的人才优势，坚持创新链、产业链、人才链一体部署，推动粤港澳大湾区飞行汽车产业集群集聚。“小鹏汇天也将坚持做低空出行探索者，坚定不移地走载人飞行之路，希望在低空智能交通领域起到引领示范作用，为建设航空强国、交通强国注入力量。”该负责人称。

广州超音速

每个工作日产生 1 个专利、每个星期诞生 1.5 个软件著作权……在广州超音速自动化科技股份有限公司（简称“广州超音速”）的产线上，“AI+ 机器视觉”正在被日新月异的专利调教得越发“智慧”。如今，宁德时代、比亚迪、中创新航和亿纬锂能等行业龙头都有其产品供应。

时值企业“本命年”，广州超音速 2022 年正式被认定为国家专精特新“小巨人”企业——这比广州“小巨人”平均成才速度快了近 4 年。

当锂电池产线以 100 米 / 分钟的速度运转，意味着什么？在这个速度上，工人用肉眼已无法看清楚高速移动的产品瑕疵，即使能够看清也无法马上停机贴个标记，而且人的眼睛也不可能储存产品的数据。简言之，让人“目不暇接”。

随着整个行业的发展提速，工业生产设备不仅要达到 100 米 / 分钟，更要向 200 米 / 分钟甚至更快的速度迈进。同时，对生产精度的要求更高，要在高速运动状态下的物体分辨出工件上 0.1 毫米的瑕疵，并准确地在瑕疵上自动贴标。

如今，AI+ 机器视觉正在帮助人们完成上述工作。在偌大的锂电池生产工厂，高速运转的生产线上安装好工业相机、配置好光学系统，采集好图片并用 AI+ 机器视觉算法技术进行分析。这便是广州超音速所专注的智能装备领域。看似简单的操作，蕴含了大量“行业首创”。

“传统算法将采样图片与标准图片做比较，如有差异就是瑕疵。而今，我们不仅要分辨出‘似是而非’的瑕疵，更要对其进行分类。比如，需要准确地分辨出这些瑕疵是属于锂电池电芯极片的亮点、暗点、针孔、褶皱、脱碳和漏金属等具体哪一方面的问题。”广州超音速董事长兼创始人张俊峰介绍。

由此牵涉出广州超音速的最核心竞争力——让AI深度学习算法用到最好，能够更精确地贴标记；将机器视觉运用在更高速的检测状态；提升行业设备运用的普适性、兼容性。即既要有能在电光石火之间完成检测的“火眼金睛”，又要有能自主分析识别的“智慧大脑”。

因此，企业的研发人员需要以每日产生一个专利的进度，加快做好专利布局，挺进行业“无人区”。例如，电芯的生产过程中会出现“极耳翻折”和裸电芯外观瑕疵等现象，单为破解这个行业检测难题，广州超音速就产出了48件专利。其中，发明专利15件，实用新型专利33件。

“唯有通过不断测试，从光学、产品的兼容性等维度做出诸多尝试，才能保证面对不同型号、不同尺寸的产品和不同客户的需求时，都能完成视觉检测。”张俊峰说，该检测是为了保障锂电池的安全生产，一旦某个细微环节漏检就有发生电池短路起火的危险。随着当下对安全生产重视的提升，未来产线上“AI+视觉检测”的应用将越来越多。

鸿基创能

氢能是构建现代能源体系的重要组成部分，在践行“双碳”目标这一历史使命中承担着重要作用。整个氢能产业链包括从制取、储运、加注到燃料电池，再到终端应用的各个环节。而燃料电池是氢能产业非常好的应用场景。在燃料电池中，膜电极被誉为燃料电池“芯片”，决定了燃料电池的性能和成本，其成本约占燃料电池电堆成本的65%。此前膜电极规模化生产技术一直是国内亟须突破的瓶颈。

2018年正式落户广州市黄埔区的鸿基创能科技（广州）有限公司（简称“鸿基创能”），是我国首家实现燃料电池膜电极大规模产业化的企业。鸿基创能为国内外燃料电池厂商提供低成本、高性能的膜电极核心组件，填补国内在该领域的空白。

通过鸿基创能精益化制造形成的性能、寿命、价格等竞争优势，目前公司已和国内外超过100家燃料电池电堆客户建立了有效合作机制，客户范围涵盖亚洲、北美、欧洲等地区的知名燃料电池企业，出货的产品获得了市场的广泛认可，配套的车型包括燃料电池客车、燃料电池厢式车、燃料电池重卡等，在国内自主化膜电极配套车型案例中位居前列。

2020年，鸿基创能正式投产，当年出货量仅10万片膜电极；2021年，鸿基创能实现跨越式发展，达成了出货100万片膜电极产品的行业纪录，营收获得10倍以上的增长；2022年，鸿基创能在疫情的影响下面临诸多方面的挑战，但在逆境中仍创造了膜电极出货170万片的行业新纪录，产品出货量处于国内第三方膜电极供应商的首位。截至2022年底，鸿基创能膜电极已实现超过3000辆燃料电池汽车装车并投入使用，总运行里程超过5000万公里。

鸿基创能相关负责人指出，黄埔区、广州开发区通过不断积累，在新能源产业领域已形成了明显的区域优势，对于企业来说，无论是科研攻关还是市场推广，都是良好的发展契机。未来，公司将持续深化自主化创新以及高端产业人才的培养，加强企业与院校合作，推动产业链各环节产学研用深度结合。

第三章 数字驱动

OPPO 手机

数十万平方米的厂房内，机械臂 24 小时连轴运作，每条产线上尽管只有寥寥几名员工在岗，但一切却显得井然有序。

这是发生在 OPPO 东莞智能手机工厂里的真实场景。在这里，1500 余台机器人肩负性能测试、贴牌、自动取件、点胶、取料等重任，员工则主要负责管理、创意研发等更高质量的工作；在这里，一台手机从准备原料、贴片，到总装、测试，再到物流、交付，一共只需要 6.8 天，高峰时期，产能可以达到 8000 万台 / 年。无数手机由此诞生，被发往世界各地。有意思的是，就在两三年前，OPPO 还存在手机制造周期长、生产计划缺乏弹性等效率问题。从产线抗风险能力差，到如今的精益制造、高效交付，中间发生了什么？

OPPO 制造与品质事业部总裁郭小聪清楚地记得，2008 年 OPPO 初入手机赛道时，品牌自有手机工厂的单月产能不过 20 万台。随着终端市场迎来爆发式增长，OPPO 通过采购生产设备、加速建厂、寻求第三方代工等方式扩张产能，逐步将这一数字提升至 2000 万。现如今，每条生产线平均 10 秒就能生产出一台手机。

强大的制造能力，是 OPPO 业务扩张的最大底气，也是品牌站稳全球五大手机厂商的“必杀技”。然而，在早期扩张产能的过程中，OPPO 所采取的相对粗放的管理模式，也带来不少问题。其中，最核心的便是

OPPO 的自动化生产车间（孙俊杰摄）

产品生产流程繁杂、周期长，严重影响物流交付效率。

郭小聪介绍，过往，OPPO 的手机制造主要是 MPS 模式，即按照预测生产。代理商会在新品上市前基于经验评估产品竞争力、市场影响力并预测销量，OPPO 则据此形成中长期的物料储备计划、生产计划。

问题是，手机市场变幻莫测，实际市场需求与供应链预测数据常有出入。而一旦发生这种情况，OPPO 往往无法快速反应，导致缺货、压货等情况时有发生，令人头疼不已。“我们以往按预测的生产模式已经无法很好地应对当前市场不确定性的变化和当前产品结构复杂度的变化。”郭小聪和团队意识到，转型迫在眉睫。

为了充分把控产品质量，提升产线的抗风险能力，OPPO 决定自 2023 年 1 月起，从以往依据经验预测的生产模式全面转向 ATO“按订单生产”模式，要求一线供应商更深度参与产品竞争力的评估，作出更及时、更准确的市场判断。郭小聪表示，OPPO 希望通过这种方式正向激励代理商，促使他们把销量预测做得更规范、更严谨，以此提升供货计划的准确度、稳定性。

当然，模式的转变并非一朝一夕就能实现，这其中涉及众多环节的变革：一是供应商的物料到工厂，需要与供应商协同；二是物料准备之后，内部的生产协同涉及方方面面；三是生产好的整机到仓库的环节，涉及仓储；四是仓库到经销商的环节，涉及外部物流。

“模式的变革，可能会让我们损失一部分灵活性，但就整体而言，我们提高了生产制造体系的健康度跟精准度。”郭小聪表示，OPPO 对各端口和上下游的数字化系统改造，对自有工厂“智能制造”能力的进一步构建，还远未结束。

OPPO 践行数字化变革，不仅要变革生产流程，更要变革人。“除了意识上要转换，产线的智能化也对员工的能力提出了新的要求。”郭小聪表示，随着部分复杂、精细的一线生产任务被机器人“接手”，员工的工作内容逐渐从“自己动手”变成“操作设备”。

郭小聪说，在 OPPO，像这样由员工参与改造流水线生产环节的案例还有很多。目前，OPPO SMT（表面组装技术）产线的自动化生产已达到 85%，自动化测试达到 90%。尽管如此，OPPO 的最终目的并不是像许多“黑灯工厂”一样，用机器彻底取代人工。“OPPO 的智能制造不是围绕精简人力或者是优化人力来做的，而是为了让员工更加高效地做出高质量工作来定位的。”

据了解，OPPO 的 POU 手边化已达到 90%。“POU 是指在整个机械推行的过程中基本实现所有手边化的作业。这是让所有的作业围绕手边作业半分类的一个作业方式，不需要转身、弯腰和走动，是降低员工要求的一种方式。”郭小聪透露，通过智能化改造，OPPO 实际上减轻了员工的负担，反而让人更愿意留下来。

广汽埃安

手机“遥控”工厂定制化生产汽车、60秒下线一台电动汽车、工厂太阳能屋顶可满足工厂满负荷耗电量的25%……在番禺区广汽埃安新能源汽车股份有限公司（简称“广汽埃安”），智车产业发展扶摇直上。

广汽埃安是智能网联与新能源汽车产业的代表。数据显示，该公司2022年全年累计销量达27.1万台，同比增长126%，创历年最快增速。2022年9月，埃安发布全新高端品牌Hyper昊铂首款车型——Hyper SSR，百公里加速仅需1.9秒。展望未来，全球新能源汽车头部企业广汽埃安信心十足，将迈向更大目标：创新不止步，打造世界级汽车硅谷。

在广汽埃安大堂展厅，一面屏幕上跳跃着一个个数字，彰显了广州智造的强大活力。2017年4月，总投资达450亿元的广汽智联新能源汽车产业园在番禺汽车城动工开建，坚定锚定新能源和智能网联方向，率先把新能源汽车从传统燃油车领域独立出来发展，从无到有，从零到现在，短短几年时间，就打造了一座汽车产业“航母”出来。

高质量发展的信心，正是源于此。2017年4月，广汽智联新能源汽车产业园区开工。经过五年的发展，如今广汽埃安已成为全球新能源汽车头部企业。2017年至今，年均复合增长率超120%，行业排名由第16名提升至当前第3名。2022年累计销售27.1万辆，同比增长126%，创造销量增速新纪录。

广汽埃安相关人员表示，在2022年不利的市场环境下，埃安也能实现销量突破，这让不少业内人士对埃安2023年的销量表现十分看好。随着新的一年国内经济全面回暖，埃安或将迎来更强劲的爆发。

事实上，埃安能够实现逆势增长并非偶然，这需要强大的综合实力作为支撑。已进入“高速＋高质量”发展阶段的广汽埃安，在销量之外还取得了很多亮眼的成绩。

目前，以广汽埃安为代表的“链主”企业，发挥着提升产业链、供应链发展韧性，助推广州汽车全链企业协同发展的关键作用。据了解，在广汽埃安的带动下，番禺汽车产业链已形成超过 40 家汽车零部件及相关项目，基本建立了“三电”齐全的智能网联新能源汽车产业链。

2022 年 10 月 12 日，埃安第二智造中心正式竣工投产，预计可带动产业链上下游超 4.9 万个就业岗位，引入 80 家供应商，拉动周边配套产值近 1000 亿元。到 2025 年，埃安预计将实现核心零部件 100% 就近建厂，企业产值将超 3000 亿元，拉动广州市内及周边配套产值约 2 万亿元。

展望 2023 年，该公司相关负责人表示，将继续保持高速高质量发展，加速布局高端化，打造品牌“护城河”。同时，积极拓展国际化出口海外业务，“新能源赛道给了我们一个重新树立中国制造品牌形象的机会。在新能源汽车领域，我们可能会从跟随者变成引领者，甚至成为世界市场的开拓者。接下来，我们要放眼全球，抓住‘双循环’发展新机遇，参与到世界汽车产业格局重塑之中去。我们对中国新能源汽车非常有信心”。

工业富联

在世界经济论坛公布的最新一批“灯塔工厂”名单中，工业富联深圳观澜工厂入选，这也是世界首座精密金属加工“灯塔工厂”。根据工业富联的说法，其4年来参与打造的“灯塔工厂”增至6座。

“灯塔工厂”被称为“世界最先进的工厂”，是由世界经济论坛和麦肯锡咨询公司共同遴选，代表全球制造业智能制造和数字化的最高水平。

工业富联此次入选的观澜工厂，主要从事手机精密机构件等精密金属产品的研发和生产。随着近年来智能手机产品迭代日趋加速、结构日趋复杂、外观要求日益严苛，生产力革新愈发成为亟须攻克的难关。

世界经济论坛的评价是:“为响应智能手机新品快速发布和严格质量标准的需求，工业富联通过规模化部署37个4IR用例，促成敏捷的新产品导入、快速的产能爬升和智能化的生产。从而加快了29%的新产品导入速度，提升了50%的量产爬坡速度，降低了56%的不良率，并节省了30%的制造成本。”

工业富联首席数据官刘宗长表示，工业富联4年来已经参与打造了6座“灯塔工厂”，以“灯塔工厂”为样板的数字化智能化解决方案，已经成为工业富联在数实融合领域的核心竞争力之一。

以工业富联深圳龙华“灯塔工厂”为例，数字化改造前，这座工厂正常运作需工人338人，改造后降低至28人。生产效率提高了30%，库存周期降低了15%。

在工业富联总部所在地深圳，2022年深圳市政府报告中首次出现“灯塔工厂”一词，提出推进先进制造业与工业互联网深度融合创新，推动制造业数字化转型发展，打造一批“灯塔工厂”。截至2022年底，深圳拥有的2座“灯塔工厂”都来自工业富联，并且已经成为“深圳智造”

的城市新名片。

截至 2022 年底，工业富联服务企业超过 1400 家，其中成功服务新能源车头部企业及汽车零配件行业龙头、上游铝制材料行业等 50 余家领军企业，以及汽车金属配件、医疗器械等行业的隐形冠军和“专精特新”企业。面向未来，工业富联提出“灯塔领航者计划”：在未来 5 年，助力 10 家领军企业建设世界级“灯塔工厂”转型标杆；助力 100 家领导企业实现完整数字化转型；为 1000 家制造企业导入数字化技术应用；通过平台为 5 万家中小企业提供产业与技术服务，助力制造业转型升级。

思摩尔

在深圳，全球最大电子雾化设备制造商思摩尔国际控股有限公司（简称“思摩尔”）正加速从传统制造企业向智造企业转型。2021年，思摩尔研发费用投入为6.7亿元，同比增长59.7%。2022年，该公司研发支出达到16.8亿，超过过去6年研发投入的总和。

“本着长期主义，我们不在意一城一池的得失。”思摩尔董事局主席陈志平说，随着中国经济的发展，依托技术创新和先进制造的智造企业战略，更符合未来经济发展的趋势。

经历多次产业转型升级，不断向全球产业链价值链的上方跃迁，是深圳经济韧性的底气所在。在数字产业化、产业数字化的浪潮下，制造业的数字化转型成为经济发展的新动能。

“小设备里藏着大科学。”思摩尔高级副总裁韩纪云表示，“雾化科学”已经成为一门新的交叉学科。电子雾化具备高科技产业的属性，也是中国拥有主导力的代表行业之一。转型智造企业，既是全球制造业发展的方向，也是中国经济高质量发展的要求。

在新形势下，思摩尔开始探索智造企业的创新之路，摸索符合行业自身特色的商业模式和创新之路，一手抓核心技术，一手抓先进制造，并引领行业的自动化和数字化转型。

深圳宝安，一间宽大的生产车间里，长约50米的自动化生产线上每天只需几个备料人员和工程维护人员。0.6秒，一个产品完成生产。一条自动化产线每小时可生产7200多个产品，年产量超千万。这就是电子雾化行业全球首条全流程全自动封闭式POD生产线交出的成绩单，也是思摩尔的智造密码。

“这条生产线是由思摩尔自主研发的，每一次改进几乎都是以秒为单位来计算。”思摩尔生产中心负责人介绍，2022 年 5 月，思摩尔建成全球电子雾化行业首条全流程自动化生产线，单线生产效率可达每小时 7200 个标准产品，良品率达到 99% 以上，生产效率可提升 300% 以上。

韩纪云表示，思摩尔主要围绕“专业化、规模化、系统化、数字化”来提升智造水平，通过全流程、全工艺、全自动的数字化智造中心，完成信息化和工业化的融合。

在数字化进程上，思摩尔还引入智能机器人、SCADA 系统、智能集成制造等数字化工具，实现生产运营数据的实时采集，并对大数据进行系统分析，实现生产过程的数字化全互联，未来还将借助数字化的“万物互联”实现流程再造。

探索可持续发展，降低能耗、拥抱“双碳”也是广东智造企业的主要发展方向之一。

与欧美发达国家相比，中国每创造 1 美元国内生产总值的能源消耗量是其 4 倍至 10 倍。国家信息化专家咨询委员会委员朱森第认为，企业必须依靠科技创新，从源头上解决资源环境可持续发展的瓶颈问题，摆脱粗放式的增长方式，通过开展技术创新及系统优化，使产品对环境影响最小、资源能源利用率最高、对人体健康与社会危害最小。

2022 年 5 月，思摩尔在行业率先宣布启动碳中和规划，定下 2050 年实现碳中和的目标。为此，思摩尔旗下的自动化工厂引入能源监测管理系统，通过实时采集工厂各环节的用电数据，实现对各种能耗数据的实时监测、计算与处理，从而能根据使用情况调控设备，实现设备效能更大化，大幅减少生产环节的碳耗。据测算，上述工厂使用该系统并进行其他减排措施后，2022 年上半年节省约 124.95 万度电，相当于减少了 326.9 吨碳排量。

每项科技创新的背后都是巨额的研发投入。数据显示，思摩尔从

2018年到2022年5年的研发费用分别为0.61亿元、1.06亿元、2.77亿元、4.20亿元、6.71亿元。截至2022年底，思摩尔全球申请专利达4337件，其中2022年上半年新增申请达929件，涵盖温控、发热体、防漏液、储液四大技术类型，实现了对核心技术的全面掌握。

凭借科技创新，思摩尔正在参与撬动千亿级的雾化产业。《电子雾化产业白皮书》报告显示，2021年中国电子雾化行业出口规模是1383亿元，预计2022年出口总额有望达到1867亿元，增长率高达35%。据沙利文相关报告，2021年思摩尔全球市场份额继续扩大，达22.8%，超过第二名至第五名的总和。2022年上半年，思摩尔通过向海外市场出口为国家创汇39.55亿元。

亚辉龙

中国体外诊断市场虽然起步比较晚，但是发展速度非常快。

2022 年 7 月，深圳市妇幼保健院检验科引进了一套 iTLA 开放式自动化流水线，对实验室进行了自动化、智慧化改造，这套更“聪明”的检验设备可以帮助这座大型三甲医院打造“无人值守智慧实验室”，让解放出来的人手有更多时间聚焦质量和服务，这套检验设备便来自深圳市亚辉龙生物科技股份有限公司（简称“亚辉龙”）。

亚辉龙是一家专注于生物医药行业体外诊断领域的科创板上市企业，随着近年来在创新研发方面的不断投入和对市场的贡献，其在该细分领域逐渐成为一匹“黑马”，并朝着新的目标不断进发。

“我们实验室正致力于打造标准化、自动化、智慧化、人文化的无人值守智慧实验室。这套国产亚辉龙开放式流水线加持了基于物联网 + 的智能化实验室信息管理系统，非常契合我们的智慧实验室建设，不但各项性能和自动化水平能满足我们的需求，还具有成本低、智能化程度高、扩展性强等特点。这种整体解决方案的模式将是未来医学实验室的发展趋势。”深圳市妇幼保健院检验科副主任朱岩说。

自动化是实验室发展的必然趋势，随着国产体外诊断企业技术和质量一天天的精进，越来越多的大型医疗机构开始选择国内优秀企业的产品。截至 2022 年上半年，亚辉龙的全自动流水线已经在全国近 60 家大型医院开始使用，在医疗卫生这一关键领域展开了国产品牌的替代进程。

亚辉龙创始人胡德明介绍，目前该公司研发人员占比超过 25%，现有化学发光、荧光免疫层析、酶联免疫、免疫印迹、间接免疫荧光、胶体金免疫层析六大体外诊断技术平台，涵盖自身免疫、感染免疫、肝病检测、生殖健康、呼吸道检测等业务领域，300 余种产品广泛应用于各级医疗机构，国内三甲医院覆盖率超过56%。

目前，亚辉龙还在微流控、分子诊断、基因测序等技术领域布局，力求通过自身努力在更多国民需要的方向取得突破。

体外诊断是一个典型的技术密集型领域，在深圳这座创新之城生根成长14年的亚辉龙自然更懂得掌握核心技术的重要性，多年来已建立了从原材料研发到试剂研发再到生产的产业链布局。

特别是在被誉为体外诊断试剂“芯片”的抗原、抗体等核心原材料研发方面，亚辉龙早早便开始布局，并不断取得突破。“我们从2015年便启动了试剂原材料的开发，围绕着一系列高端设备，亚辉龙建立了国内领先的生物活性原料研制体系，截至2022年底，仅在试剂方面就累计实现了70余项核心原材料的开发及应用。”亚辉龙董事长胡鹍辉介绍，也正因为在原材料研发方面的投入，新冠疫情暴发之初，亚辉龙便迅速完成了国内首批新冠核心原材料及诊断试剂的研制，第一时间投入

亚辉龙生产车间现场，超600位工人同时在流水生产线上分组作业（朱洪波摄）

到抗击新冠疫情的工作当中，助力全球各大医疗机构开展新冠病毒的研究工作，各类机构使用亚辉龙的抗原、抗体检测产品所发表的新冠病毒研究相关文章在全球顶尖的学术期刊 *Nature*（《自然杂志》）、*Cell*（《细胞杂志》）、*JAMA*（《美国医学会杂志》）、*The Lancet Infectious Diseases*（《柳叶刀传染病》）等陆续发表，截至 2022 年底，累计影响因子近 1600 分。

企业的创新动力来源于市场需求，同样也有赖于深度的科研探索。近年来，亚辉龙根据自身丰富的市场服务经验，通过增强学术交流与合作来提升自身科研实力及产品质量。

事实上，为了进一步增强自身研发实力，亚辉龙近年来不断在学术合作方面发力，先后与北京大学庄辉院士团队、中国科学院生物物理研究所阎锡蕴院士团队、香港中文大学（深圳）唐本忠院士团队、深圳第三人民医院卢洪洲院长团队、华中科技大学国家光电实验室、国家高性能医疗器械创新中心等专家团队、科研院所及医疗机构合作，建立联合实验室，开展技术产品研究。此外，亚辉龙还与华中科技大学、广东医科大学、湖南工业大学等知名学府设立了医学检验创新人才的培养平台，联合培养硕士、博士研究生，联合培养高层次专业人才。